经典理论赢利实战系列

形态理论赢利实战

——13种抄底方法和13种减仓方法

黄凤祁 编著

经济管理出版社

ECONOMY & MANAGEMENT PUBLISHING HOUSE

前　言

众所周知，个股运行的各种形态是千变万化的，而要想在这些千变万化的形态中抓住相应的买卖时机，也是非常有难度的事情。鉴于投资者在运用股价形态来买卖股票的方法上存在着诸多的弱势，本书就重点向投资者介绍形态理论以及对应的不同个股的买卖策略。

形态理论虽然理解起来相对容易，但是仍需要投资者充分地理解了才行的。因此，本书的第一部分内容，就重点向投资者介绍形态理论的一些知识。第一部分篇幅虽然短小，却说出了股价运行的基本规律以及"颈线"对股票买卖的重要作用。若能充分地理解的话，必将对后边两部分的学习起到重要的支撑作用。

第二、三部分是本书的重点，说明了近26种的买卖方法。在这26种方法中，有13种是针对不同形态的抄底方法，另外13种是对应的减仓方法。配合书中近几十只不同股票的实战走势，如果投资者能够一一理解的话，必然在股票投资中受益匪浅。

书中内容虽然包括13种形态的抄底方法以及对应的13种减仓方法。但是，每一种的技术形态，都是实战中相当常见的。而书中所说的买卖方法，也是得到广大投资者一致好评的经典用法。在结合书中笔者介绍的实例并仔细研究，投资者今后想要获得相应的投资回报，都是很容易做到的。

再好的技术分析方法，也是有不精确的地方。希望读者在阅读完本书后，在实战当中多加揣摩，根据书中的买卖方法，总结出自己的一套方式、方法来，这样才是融会贯通、获得长期收益的关键。

目　录

第一部分　认识形态理论

第二部分　买股必读——实战形态理论 13 种抄底方法

第一部分

认识形态理论

股票形态理论是比较重要的技术分析理论之一。该理论通过分析股价的横向运行的各种形态，并且结合成交量以及技术指标，帮助投资者判断股价的运行趋势。股价形态通常有持续形态和反转形态。在股价处于持续调整阶段时，投资者开始调整仓位；当股价的反转形态出现时，则采取不同的操作策略。

本部分重点向投资者介绍形态理论的基本分类、股价的运行趋势以及形态的市场含义、颈线的意义等内容。帮助初学形态理论的投资者掌握该理论的基本内容，为今后的实战操作做准备。

第一节　形态理论简介

股价涨跌过程中形成的某种形态，从技术分析方面来看，会对今后股价的走势产生微妙的影响。决定价格涨跌的因素是多空双方的力量对比情况。而股价运行趋势变化的过程并不是突然而至的。价格持续一段时间稳定运行的时间段是股价趋势性行情出现的前提。

股价某种运行趋势出现之前都会经历一段时间的平衡阶段。在平衡阶段，股价运行过程的形态是一定的。而一旦这种稳定存在的股价运行趋势被打破，那么运用形态理论来分析股价的运行趋势就显得比较重要了。

股价的运行过程中，既有被突破前的持续形态，也有趋势被确认后的持续形态。这两种股价形态是本书研究的重点内容。

一、持续形态

股价的持续形态出现的前提是，前期个股已经存在一个比较明确的运行趋势。获利盘的回吐造成了股价短线调整走势出现。持续时间一般不会太长的持续形态，最终更有可能在市场惯性的影响下延续前期的行情。投资者不管是持币还是持股都应该关注股价持续形态的延续情况。在股价顺利突破调整形态之后开始做相应的调仓动作，方能减少投资损失或者赢得投资收益。实战当中，经常见到的持续形态有：三角形、矩形、旗形和楔形等。

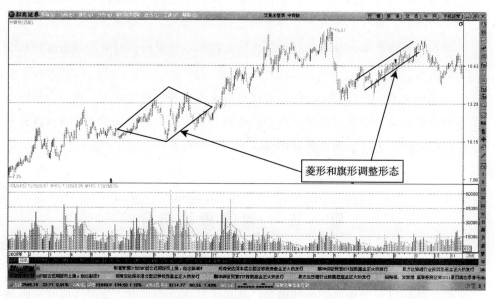

图 1-1　中青旅——持续形态

如果 1-1 所示，中青旅日 K 线中，股价持续拉升的过程中分别先后完成了两个持续形态：菱形和旗形。菱形成为股价拉升的重要起点，而旗形是股价持续高位运行的重要短期趋势。投资者若能在持续形态中操作股票，可获得一定的短线收益。而在持续形态所处的股价运行的大环境，投资者更能够在股价突破持续形态之后做出相应的买卖操作，这样也不会失去比较重要的投资机遇。

小提示

持续形态虽然能够左右股价短时间的走势，却对股价运行趋势不产生任何有意义的影响。在调整形态持续的过程中，投资者可以在此期间做些低吸高抛的操作。调整形态结束之后股价突破之时，投资者可以仍然延续前期的操作。该看涨的行情看涨，该减仓的时候减仓，这样的话，便能够抓住股价运行的大趋势，并且不会轻易遭受投资损失。投资者在持续形态和持续形态所处的大趋势中，使用两种不同的操作方法，可以取得较好的投资效果。

如上例所说的中青旅，菱形所处的牛市行情和旗形所处的熊市行情都是投资者应该注意的趋势。持续调整的菱形和旗形完成之后，投资者就应该摒弃短线操作，而在大趋势中买卖股票了。

二、反转形态

股价前期已经形成了一定的运行趋势，而反转形态的出现，只是在改变股价的这一趋势。既然股价的运行趋势已经发生了翻天覆地的变化，那么投资者就应该适当调整买卖策略以及持股数量。不要因为股价趋势的反转而造成不可弥补的损失或者是错失应得的投资收益。持续时间比较长的反转形态会导致股价运行趋势的大转。投资者必要的操盘手法就是要在了解市场运行趋势的前提下，积极地进行调仓换股的操作，这样才不会对自己的操作造成影响。常见的反转形态有：(倒)Ｖ形反转、双顶（底）反转、头肩顶（底）反转、圆弧顶（底）反转、岛

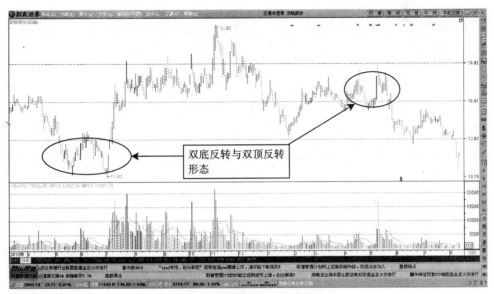

图1-2　双钱股份——反转形态

形反转、喇叭形反转、菱形反转等。

如图 1-2 所示，双钱股份的日 K 线中，股价底部企稳的双底反转形态与该股见顶回落的双顶形态相继在股价顶部前后的两个部位出现。两次反转走势最大的不同在于：这两次当中多空实力是完全不相同的。股价的反转力度却相差不多。前期双底反弹之后，股价出现了达到近乎翻倍的涨幅。而图中股价双顶回落后，跌幅却高达 50%。两者对比鲜明。都是投资者采取买卖措施的重要时机。

小提示

双底反转与双顶反转形态都是比较典型的反转走势。其持续的时间和股价波动的幅度将决定股价今后的反转力度。例如双钱股份双底和双顶形态持续的时间都是长达两个月之久，持续两个月的反转形态完成之后，股价从底部和顶部算起分别出现了 100% 的涨幅和 50% 的跌幅。参与个股反转走势之前，提前发现并且确认股价的反转形态的有效性，才可以抓住比较大的趋势。

第二节　股价移动规律

股价运行的任何趋势都是多空双方共同作用的结果。多方再强大，股价也不会永无止境地涨下去。而空方实力大的时候，股价同样不会持续地跌下去。两者在实力较量的过程中，就是寻求力量平衡的过程。而股价的运行过程一般都会在某一平衡位置附近持续地波动。直到这一平衡被打破后，股价才达到新的平衡位置。

多空双方处于平衡状态的时候，股价波动的幅度并不会太大。投资者这个时候考虑大量买卖股票，短时间内是不容易轻易获利的。因为处于平衡状态的多空实力并不会导致股价大幅度波动。而一旦多空双方实力因为场外因素的影响发生了比较大的变化，股价所处的平衡状态将会被轻松打破。掌握了主动权的多空中的一方，将会促使股价按照自己的意愿运行。投资者顺着股价运行趋势来买卖股票的话，不仅可以避免风险，获得投资收益也很轻松。

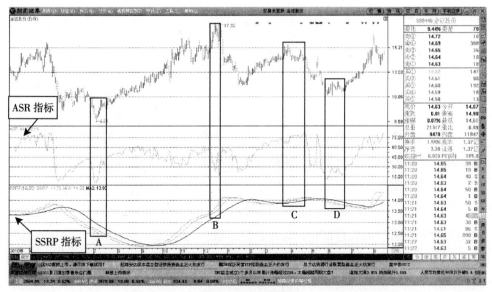

图 1-3 金证股份

如图 1-3 所示，金证股份的日 K 线中，该股的运行过程中对应的浮筹指标 ASR 和筹码峰指标 SSRP 向投资者展示了该股见底回升与冲高回落走势形成的过程。

在图中 A 位置，股价回落至底部的时候，浮筹指标 ASR 也同步回落至底部 15 以下，表明股价的持续回落走势已经促使大量的投资者套牢在了股价上方。浮筹的快速回落就表明了这一点。

图中 A 位置浮筹回落至很低的时候，多方的缓慢抄底促使股价出现了拉升的走势。当股价拉升至图中 B 所示的股价短线顶部的时候，筹码峰 SSRP 也重新企稳至高位，但是问题又一次出现了，浮筹 ASR 被拉升至高位，上方股价换手还是比较充分的，抛售的压力又一次显现出来，股价短线回落的走势自然出现了。

在图中 B 位置到 C 位置的回落过程中，浮筹指标 ASR 显示股价又一次达到了新高。从浮筹 ASR 与筹码峰 SSRP 同步创新高来看，该股的抛售压力已经非常的大了，一旦出现回落走势，恐怕跌幅将会很大。

图中股价从 C 位置到 D 位置的下跌走势就说明了这个问题。虽然下跌的幅度并不是很大，但是浮筹 ASR 已经在短线降低到了底部，因此股价在 D 处开始见底了。

第三节　形态的市场含义

　　不管是反转形态还是持续形态，都是筹码分布在股价运行的过程中不断地调整，持有不同筹码的投资者进行杀跌、追涨、止盈、止损的操作后造成了股价不同的运行趋势出现。

　　持续形态出现的时候，前期股价必然已经存在一定的运行趋势了。大量获利盘的出现导致散户的获利回吐，并且造成了股价的短线回落的走势。由于场外还存在不少看多后市的投资者，短线买入了回落的股票，促使股价短线回升走势出现。这样一跌一涨的持续波动行情不断延续之后，持续形态就形成了。个股的获利盘也会在这个时候逐步消耗掉。这样，股价就会恢复到前期运行的趋势。

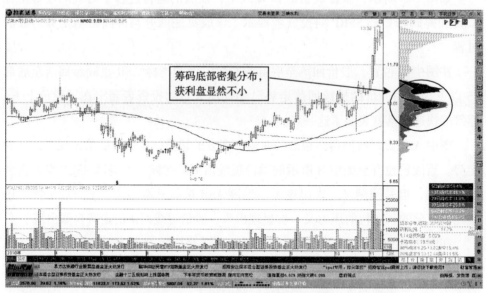

图1-4　三峡水利——股价短线冲高

　　如图1-4所示，三峡水利高位大幅度冲高后，获利盘已经相当多了。从图中筹码分布图上来看，拉升前的底部筹码几乎全部处于大幅获利状态了。获利盘的大量涌现致使股价调整走势很快地出现。如果获利状态的筹码没有调整至该股的顶部的话，进一步的拉升行情恐怕在短时间内难以再现。

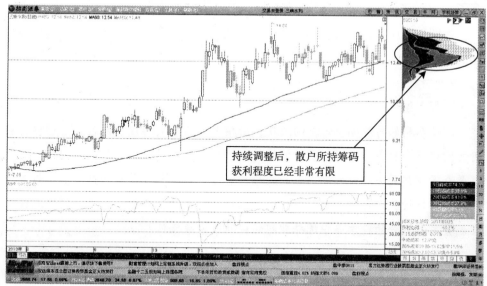

图1-5 三峡水利——筹码高位锁定

如图1-5所示，三峡水利的调整走势持续时间将近三个月，从筹码分布上来看，几乎全部聚集到了很窄的价格空间。这样看来，持续这么久的调整走势还是对该股的企稳回升起到了非常大的作用了。一旦主力开始放量拉升该股，有望出

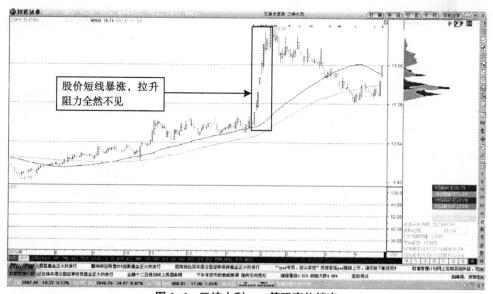

图1-6 三峡水利——筹码高位锁定

现比较大的上涨空间。在散户的获利程度都不高的前提下，拉升该股将会轻松得多了。

如图 1-6 所示，三峡水利在短短两周之内持续大涨超过 70%，投资者提前建仓的话，获得的收益还是非常惊人的。

小提示

三峡水利的持续调整形态的出现，为该股之后的大幅度上涨创造了条件。股价之所以有如此高的涨幅，长时间的持续调整起到了非常大的作用。当然，该股只是众多调整到位后大幅度上涨的股票的典型。能够持有这样一只股票，投资者显然能够持续获得投资收益。依据股价的调整形态选择股票，其重要的一点就是在调整足够充分的股票当中选择理想的标的股票来操作。

反转形态出现的前提是股价已经存在一定的运行趋势。经过一定时间的横向调整，股价已经脱离前期的趋势，并且朝相反的方向运行了。造成股价反转形态出现的重要原因，说白了就是筹码在股价横向运行区间出现了比较大的换手而前期多方拉升的动力或者空方抛售的力度已经被大大削弱。这样一来，多空双方实力的快速转变导致了反转形态的完成。通常，反转形态的空间和持续时间将决定

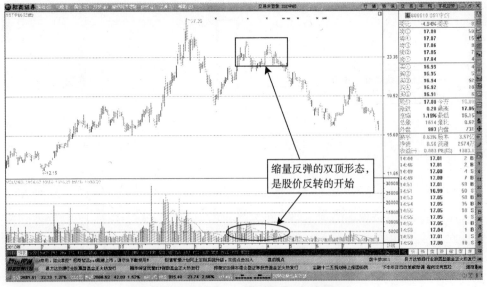

图 1-7 SST 中纺——缩量当中的双顶反转

股价反转的力度的大小。长时间持续的反转形态并且调整的空间足够大的话，必然导致股价更大空间的调整。

如图 1-7 所示，SST 中纺的日 K 线中，该股见顶回落的过程始于成交量持续地萎缩。股价在图中出现了双顶形态，其实就是该股量能无以为继的结果。后市股价持续回落的过程中，该股双顶反转形态起到了非常大的作用。如果能够发现这样一个持续时间短暂的双顶反转形态，投资者还是有获得投资收益的可能性的。

小提示

反转形态出现在趋势不断地强势延续后，量能的持续萎缩或者放大将成为股价转折趋势的开始点。投资者在操作股票的过程中应该秉持这样的观点：股票反转一定调整仓位。反转形态不是一两天内出现的，长时间延续的反转形态更应该成为投资者作出反向投资决策的起点。

第四节　颈线的意义

颈线出现在股价的突破持续形态或者反转形态完成之时，是投资者抓住买卖点的重要时机。如果错过了这些买卖机会，后期恐怕很难有像样的买卖机会出现了。之所以是颈线，而不是形态的其他地方，是因为形态完成之时也是多空双方力量发展根本转变的时刻。筹码调整到位后，股价趋势的转变将导致趋势持续延续下来。

颈线出现的时候，最为显著的时机就是头肩顶（底）形态、双顶（底）形态、V 形/倒 V 形反转完成之时。股价在这些反转形态形成的过程中，完成了大量筹码的换手。股价的运行趋势在轻易间完成了转变。经过很多次确认的颈线部位，不难理解作为突破线的意义。股价一旦确认已经突破颈线所在价位，那么趋势的延续将不可避免地出现。散户只有顺应趋势而动，才可以逐步摆脱错误的买卖机会，获得相应的投资回报。

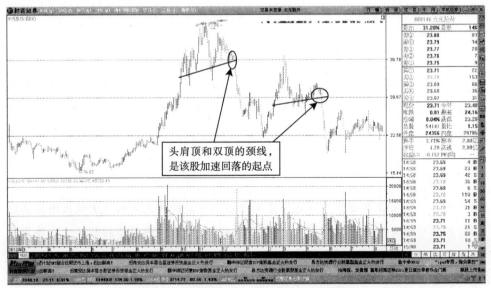

图1-8　大元股份——颈线成为加速回落点

如图1-8所示，大元股份的日K线中，股价头肩顶与双顶颈线被跌破之后，显然开始加速回落的走势了。前期的股价持续调整的反转顶部形态，如果投资者把握得当的话，应该在股价突破反转形态顶部的那一刻开始作出减仓操作。颈线不仅对于头肩顶形态、双顶形态起作用，对于其他反转形态同样是股价必然的转向价位。投资者如果在股价突破颈线前未调整好仓位，那么一旦突破颈线，就应该做出相应的调仓动作了。

小提示

颈线的作用其实就是股价转变方向的开始。之所以能够出现方向逆转的股价，与股价在颈线附近的突破有很大关系。寻找个股真正的买卖机会的时候，不是股价最初出现大幅度调整的时刻，也不是股价二次反转之时，真正突破颈线之后才是投资者摆脱反转走势的真正机会。大元股价的两次见顶回落加速出现的时刻，就是在该股头肩顶和双顶颈线被跌破的瞬间开始的。颈线作为趋势能否成功反转的临界线，在股价波动过程中起到了非常重要的作用。

本章小结

　　形态理论对于投资者买卖股票的意义，重要的不在理论上，而是在实战运用当中。本章所说的形态理论的重点是投资者必然需要理解的重要基础。本书接下来的两部分将重点向投资者详细说明不同的价格形态上操作的方法技巧等实战内容。投资者只有掌握了本书中第二、第三部分的 26 种买卖方法中的各种形态的实战买卖技巧，才算真正掌握了形态理论的精髓。本书 26 种不同形态的买卖方法，介绍虽然简单，却都是精华。投资者若能够结合股票软件来进行实战操作的话，必然能够有所收获的。

第二部分

买股必读
——实战形态理论 13 种抄底方法

第一种方法　V形态反转
——追涨买股获利

V形反转走势，可以说是股价反转形式中最为激烈的一种了。为什么这么说呢？该反转走势持续时间非常短，股价短时间内上涨的幅度也比较大，投资者参与短线抄底或者追涨的话，能够获得不错的短线收益。本章将重点介绍该V形反转形态的建仓时机的问题，并且帮助投资者掌握股价持续飙升过程中产生的投资收益。

第一节　V形量价与V形指标

股票反转的过程中，不仅从K线上来看股价会表现为V形走势，而且从成交量上判断同样是V形的变化趋势。股价见顶回落的过程中，探底回升之前量能会持续萎缩，直到股价真的出现了见底回升的单根K线形态后，股价才会出现企稳回升的走势。成交量的放大趋势也跟随股价的见底回升出现了。发现股价底部V形反转的形态，并且在股价冲高前开始抄底，必然能够获得不错的短线收益。

判断V形量和个股的V形成交量形态的时候，投资者一定要注意，首先出现的见底信号一定是成交量的见底，其次才是单日K线表现出的见底回升信号。量能的见底说明空方持续抛售的力度已经大大缓解。空方与多方力量的对比关系必然出现此消彼长的情况。投资者一旦发现量价齐增的运行趋势出现在股价底部，那么将是非常不错的抄底机会。

如图1-1所示，彩虹股份的日K线中，股价见顶回落的时候出现了短时间的超跌反弹走势。从形态上来看，出现了比较显著的V形反转走势。这样，投资者在这个时候抄底买入该股的话还是能够有短线的投资收益的。典型的 V 形反转形态，底部对应着明显的十字星探底回升的 K 线形态。

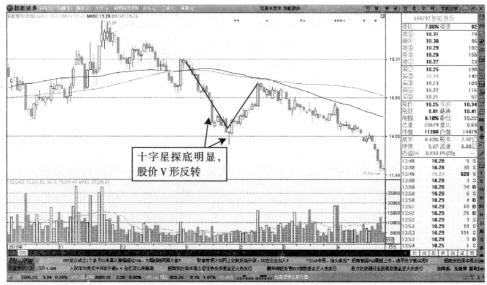

图 1-1　彩虹股份——探底明显的 V 形反转

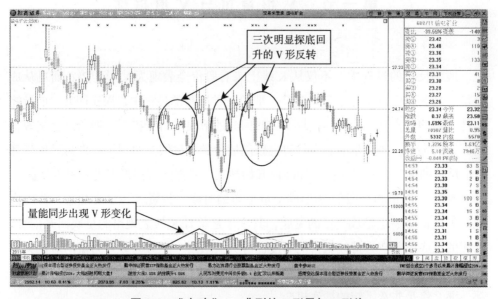

图 1-2　盛屯矿业——典型的 V 形量与 V 形价

如图 1-2 所示，盛屯矿业的日 K 线中，股价短线快速回落之后出现比较大的波动。股价连续出现了三个 V 形反转的走势。与此同时，成交量同样也出现了比较大的波动。成交量出现了 V 形变化的状况，促使股价短线内波动大幅度增加了。投资者短线参与股票的买卖的话，还是能够有不错的投资收益的。

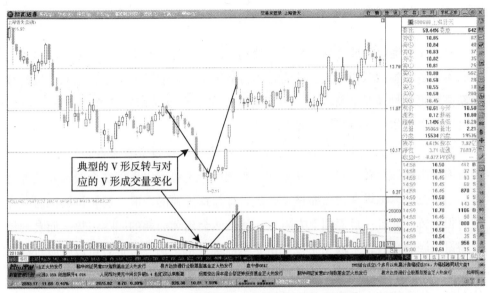

典型的 V 形反转与对应的 V 形成交量变化

图 1-3　上海普天——加速拉升的 V 形反转

如图 1-3 所示，上海普天的日 K 线中，股价持续缩量回落的走势出现了。缩量的同时，股价的底部也相应地出现了。图中一根底部的锤子线就是股价见底反弹的起点。投资者若能够抓住该股的底部抄底机会的话，还是能获得不错的收益的。该股见底回升之后，股价反弹的力度还是相当可观的。V 形反转的力度以及量能的放大程度还是非常可观的。投资者若能够提前一些建仓，还是可以有不错的收益的。

小提示

　　V 形反转过程中，量能虽然也能够出现类似 V 形的变化，但是与股价的涨跌有很大的关系。股价涨幅比较大的时候，才会出现较大的量能。上例中，上海普天的量能放大的时候，就是股价涨停板出现之时。投资者在实战中应该灵活运用，才能够达到相应的效果。

第二节 V形反转的延伸

V形反转走势完成之后，股价后续的冲高行情还是会有的。只要成交量可以在股价短暂调整后二次放大，或者是维持有节奏的放量拉升走势，那么个股持续创新高的可能性还是非常大的。投资者可以在V形反转短暂调整之时开始追涨，便可以轻松获得一部分投资收益了。

判断V形反转走势能否出现持续冲高的走势以及投资者能否轻易追涨获利，要看股价出现该反转走势的性质如何。V形反转走势可以出现在个股超跌反弹之时，当然也可以出现在持续缩量见底之后。超跌反弹的个股，反转持续的时间往往会很短暂，并且一旦遇到上方阻力，就依然会延续前期的回落走势。而真的持续缩量见底的个股，采取V形反转的走势脱离底部之后，投资者可以在股价横盘调整之时参与个股的追涨。随着时间的推移，地量中采取V形反转走势脱离底部的个股，往往能够出现持续的拉升行情。只要投资者愿意，追涨并且获得投资收益还是比较轻松的事情。

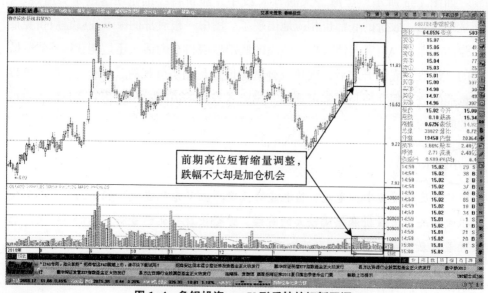

前期高位短暂缩量调整，跌幅不大却是加仓机会

图1-4 鲁银投资——V形反转的短暂回调

如图 1-4 所示，鲁银投资的日 K 线中，股价短线快速反弹的走势完成之后，短线回调不可避免地在前期价格顶部附近出现了。股价虽然回调，下跌的幅度却不是很大。缩量调整之后，如果股价企稳回升的话，投资者还是可以继续看高一线的。

小提示

股价的 V 形反转走势持续到前期高位的时候，短时间的股价回落并不是什么坏事，只要回落的幅度并不是很大，股价后期放量冲高力度将会更大。投资者切不可因为股价短时间的回落作出减仓决定。鲁银投资的走势，短时间回落后显然是加仓的时机。后期股价放量企稳的时候，投资者会发现这样做还是非常值得的。

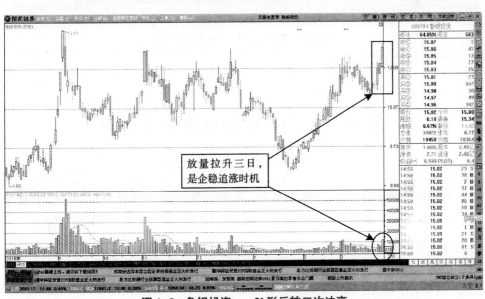

放量拉升三日，是企稳追涨时机

图 1-5 鲁银投资——V 形反转二次冲高

如图 1-5 所示，鲁银投资股价连续反弹三日，放量冲高的鲁银投资在短时间内的上涨空间还是非常大的。投资者在这个时候开始抄底追涨的话，惯性拉升的股价必然给投资者带来不错的短线收益。该股 V 形反转的走势还是会延续的，后期放量上涨可以期待。

如图 1-6 所示，鲁银投资最终继续放量冲高。从底部的开始反弹的价位 8.99 元附近大幅度拉升至高达 19.98 元，累计涨幅高达 122%。

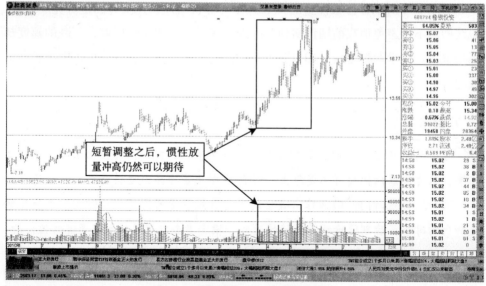

图1-6　鲁银投资——反弹高度惊人

第三节　V形反转快速建仓问题

从以往个股的实战运行趋势来看，V形反转持续的过程通常会经历缩量下跌、K线见底、放量反弹、短暂缩量调整等几个阶段。投资者想要抄底或者追涨V形反转的个股，可以在这些位置上采取行动。这样来看，投资者抄底个股的时间一般会有四个比较明显的机会。

一、缩量见底——试探性抄底

熊市当中，股价持续缩量见底的走势是投资者试探性抄底的好时机。即便股价今后不会出现V形反转的走势，在个股持续缩量到一定程度时，投资者试探性抄底个股也不会出现太大的损失。因为，量能持续萎缩到一定程度之后，股价的下跌动能至少短线内不能持续。股价的见底回升的走势很可能会快速出现。

如图1-7所示，黄河旋风股价快速见顶回落的走势持续不断地出现。该股最终在图中量能萎缩至等量状态后出现了不能够持续放量的小幅度微跌走势。这说

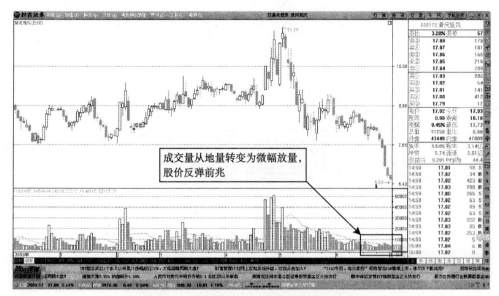

成交量从地量转变为微幅放量，
股价反弹前兆

图1-7　黄河旋风——地量中的持续见底

明一个问题：地量下跌之后，成交量却出现了持续放大的下跌阴线。量能不可以继续萎缩的事实，说明股价下跌的趋势即将结束。

小提示

　　股价缩量下跌的时候，虽然还没有出现放量企稳的走势，但是量能不能继续缩量回调，而是在小幅放大后持续下跌，证明股价出现了最后一跌的走势。空方的力量充分释放之后，股价的见底回升的走势有望短时间内就会出现。

二、K 线见底——加仓抄底

　　K线出现见底回升的走势，可以说是投资者抄底的良机。股价持续回落的过程中，一旦遇到了比较大的支撑作用，必然会在分时图中出现较大的反弹走势的。既然反弹走势已经出现在了股价的底部，那么投资者顺势买入股票，也就算是顺势操作了。出现K线见底形态的个股，抄底的风险将会大大降低。

　　如图1-8所示，黄河旋风见底回升的双十字星显然表明股价短线底部的出现，投资者这个时候开始逐步抄底的话，是个非常理想的机会。超跌至如此低点，该股有望出现见底回升的走势了。至于究竟能否出现预期的V形反转走势，就要看该股今后的走势了。

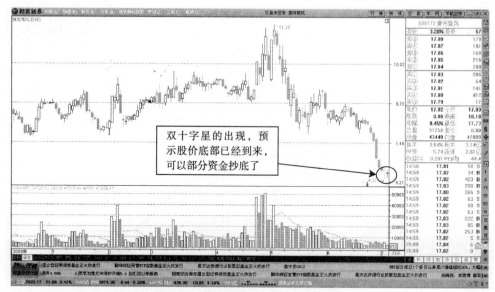

双十字星的出现，预示股价底部已经到来，可以部分资金抄底了

图 1-8 黄河旋风——双十字星见底

三、放量拉升——快速追涨

放量拉升之后，股价已经开始逐步脱离前期的熊市回落走势。投资者在股价放量拉升的某一个时机追涨的话，即便短时间出现了投资损失，长期来看，也会

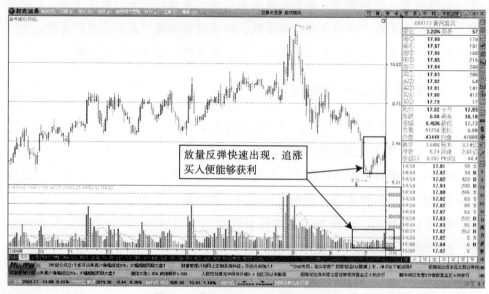

放量反弹快速出现，追涨买入便能够获利

图 1-9 黄河旋风——放量反弹开始

随着股价的不断冲高而获得利润的。V形反转走势一旦出现，判断持续的时机或者是拉升的幅度对投资者来讲意义不大。追涨的作用，就是要抓住那些快速反弹的牛股，这样才能够获得像样的投资收益。如果真的考虑股价的短线回落价位的话，等待股价的放量反弹真的明显结束再考虑减仓，也不为迟。

如图1-9所示，黄河旋风股价短线快速反弹的过程中，量能同步放大了。很显然，该股V形反转走势延续的走势有望在短时间内出现。成交量与股价同时出现在缩量十字星之后就说明了这个问题。加仓买入的话，风险要小得多了。这个时候的看涨，其实也是顺势操作的结果。

四、缩量调整——加仓时机

股价的任何反转形态，其持续过程都不是一帆风顺的。调整过程中延续反弹走势，应是多数个股会出现的走势。V形反转走势同样会经历短暂的调整，才能够持续前期的放量拉升行情。持续时间不长的调整走势，必然是投资者短线获利的关键时机。一般来看，只要股价的V形反弹形态没有明显走坏，调整完成后股价继续上攻的可能性还是很高的。

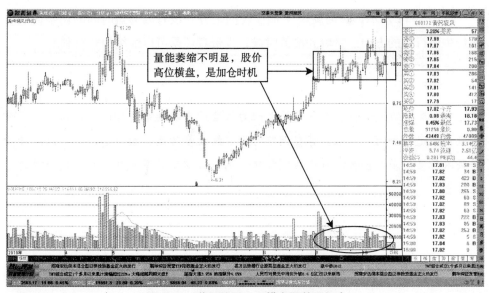

图1-10　黄河旋风——横盘调整可加仓

如图1-10所示，黄河旋风V形反转走势不断地延续了下来。股价横盘调整的时候，成交量并没有出现明显的萎缩，并且价涨量增与价跌量缩的走势不断地更替着。后市股价有望在企稳后延续前期的 V 形反转走势。

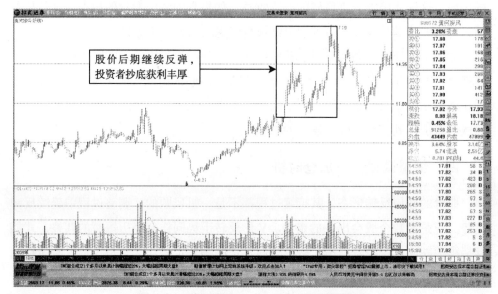

图 1-11　黄河旋风——又一个 V 形反转涨幅

如图 1-11 所示，黄河旋风 V 形反转的走势并没有因为短时间的调整而改变股价牛市行情的方向。量价齐增的时候，投资者还是可以继续加仓获利的。

小提示

V 形反转的走势能否在达到巨大阻力位置后再次延续前期的反弹走势，还要看股价的走势如何。如果能够在调整之后继续放量冲高，投资者还是可以继续加仓买入股票的。例如黄河旋风在短暂横盘调整后继续放量飙升，就是投资者的追涨机会。

本章小结

实战当中，V 形反转的走势出现的时机还是非常多的。投资者应该首先具备明确敏锐的眼光，才能够抓住股价反弹中的投资机会。明确 V 形反转走势之后，在第一时间建仓买入股票，也是获得投资收益必然的做法。良好的投资机会总是属于那些有准备的人，若投资者能够充分掌握本章内容的重点，还是可以获得投资收益的。

第二种方法 双底反转
——突破颈线可以建仓

与 V 形反转走势相比较，双底反转形态具有两个非常明显的底部，也是股价见底回升的重要起点。虽然股价在 V 形反转出现的时候反弹的效率更高，但是双底反弹的时候，股价累计上涨的幅度可能更高。并且从建仓时机的把握上来看，双底形态能够为投资者提供更多的建仓时机。若能够把握得当，成功抄底并且获取投资收益的可能性还是比较大的。

第一节 两次峰质量能与双底反转

股价出现双底反转形态的时候，不仅在股价 K 线走势上会表现出双底反转形态，而且从成交量上来看，间断出现两次成交量放大也是双底形态出现的重要特征。投资者在操作上关注股价双底形态的同时，应该更加关注成交量的缩放情况。在股价出现连续放量两个底部的时候再出手买入股票，这样才能获得相应的投资回报。

其实，判断个股的双底形态能否真正实现，非常重要的一点就是要看成交量能否持续放大。确切地说，双底的第二个底部出现之时，对应的成交量应该相比第一个底部的成交量出现比较明显的放大才行。这样，双底反转形态才能够真的实现。量能持续放大的过程，既是减少抛售压力的需要，同样也是多方拉升股价的需要。股价后期要出现比较可观的涨幅，成交量的有效放大是必然的。投资者追涨那些显著放量的个股，潜在投资收益会大得多。

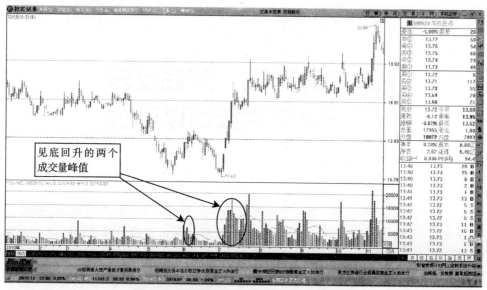

图 2-1 双钱股份——量能两次有节奏放大

如图 2-1 所示，双钱股份的日 K 线中，股价在见底回升的时候出现了比较明显的双底形态。两个显著的底部促使股价短线见底回升了。对应的成交量也出现了非常显著的两个放大的峰值。投资者之所以选择抄底该股，也是因为股价出现的持续放大的成交量。后期股价在双底形态之上顺利冲高，投资者获得的收益

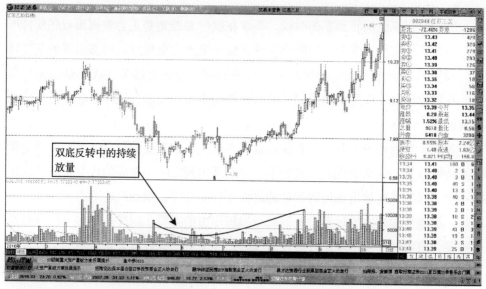

图 2-2 江苏三友——股价见底与量能持续放大

还是比较丰厚的。

如图 2-2 所示，从江苏三友的日 K 线中可以看出，股价双底反弹过程中，量能虽然没有在股价的两个底部明显放大，但是持续回升的成交量显然造就了该股的双底反转走势。投资者如果持续关注该股的走势，还是能够获得较好的投资收益的。股价稳定冲高，多方显然占据了主动。双底形态成为股价的历史性底部。

小提示

成交量在双底反转过程中所起的作用是十分惊人的。股价出现第一个底部的时候，量能可以短暂地放大。而股价出现第二个底部的时候，就需要成交量出现比较明显的放量了。因为二次反弹的时候，股价必须顺利突破前期的高位（也就是双底颈线），才算底部形态完成。像前边两个例子中，虽然股价放量的方式不同，但是都在股价突破颈线的时候放量了，这样股价的双底形态才真正完成。

第二节　颈线企稳与股价持续反转

双底形态反弹的过程中，股价企稳回升的重要特征是顺利放量突破颈线所在价位。只有这样，股价的持续上涨才会成为可能。V 形反转走势只是出现一个底部，股价就开始顺利企稳回升了。而同样的事情，如果出现在双底形态当中的话，就必须要有两个底部。股价在第一个底部出现之时，个股出现冲高回落的走势。冲高回落的顶部，成为双底反转形态第二次放量突破的颈线。如果股价二次反弹的时候量价齐增突破颈线的话，股价真正反转的走势就开始了。

双底反转形态的出现，表明股价持续两次冲高的走势很可能成就股价的重要底部。投资者真正盈利的开始，也就在这个时候出现了。今后随着成交量的有效放大，股价也许会快速突破颈线所在价位，也可能在颈线部位短时间调整后顺利冲高。投资者若能够把握住股价在颈线处的走势，还是有利可图的。

如图 2-3 所示，旭光股份见底双底企稳后，从成交量上来看，股价显然在放量达到了颈线部位的价格。经历持续震荡调整的股价，买点终于在这个时候出现了。后期如果成交量维持这种放大状态，投资者追涨将有望获得比较好的投资收益。

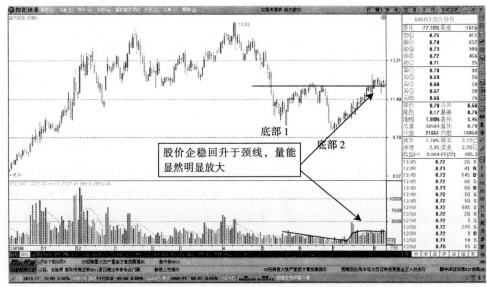

图 2-3　旭光股份——颈线之上放量调整

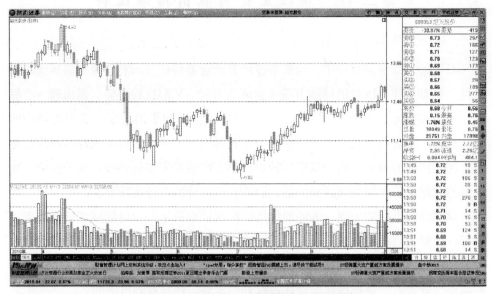

图 2-4　旭光股份——放量脱离颈线可追涨

　　如图 2-4 所示，旭光股份股价在颈线处的调整持续地进行着。而随着成交量突然有效放大，股价脱离了颈线处的横盘调整走势，顺利冲高了。投资者若能够在这个时候加仓，后期必然有不错的投资收益。双底形态完成后，从涨幅上来看，股价至少还会有相当于该股双底的涨幅。

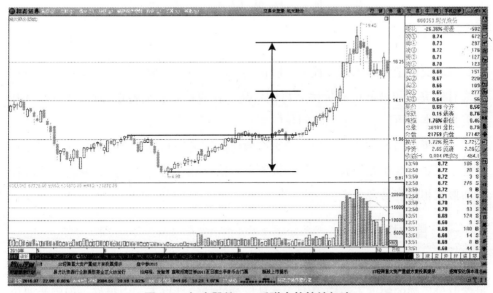

图 2-5 旭光股份——反弹走势持续加速

如图 2-5 所示，旭光股份加速拉升的过程中，从股价上涨的幅度来看，出现了相当于两倍双底高度的涨幅。谨慎的投资者可以在股价上涨到一倍的双底高度后减仓，想获得更丰厚收益的投资者可以在 K 线见顶形态出现之后再开始减持。

小提示

双底形态完成之后，股价的上涨幅度需要根据不同情况判断。相当于双底反转形态一倍的上涨幅度是比较正常的涨幅。而成交量如果能够在较长时间里维持放大的趋势的话，更大的上涨幅度都是有可能的。因此，投资者考虑股价的上涨幅度时，应该根据实际情况具体判断。旭光股份的走势就是这样，股价真的出现了见顶回落的信号后，投资者再考虑减仓也不为迟。

第三节 双底形态三个买点

双底反转走势形成的过程中，股价会连续经历两次放量拉升的行情，并且在最终有效突破颈线部位的价格后再创新高。在股价双底反转走势形成的过程中，投资者基本上可以有三个比较明显的买点。

三个买点出现的位置，应该分别在股价两次见底信号出现之时以及股价顺利企稳于双底颈线所处的价位之后。投资者若能够抓住这三个买点，获得相应的投资回报就相对容易多了。

一、首次探底信号

股价见顶回落过程中，首次出现见底信号的时候是投资者买入股票的好时机。虽然股价反弹的幅度不一定很大，并且反弹的持续性也不一定很好，但因为股价首次出现明显的见底信号，投资者这个时候抄底的话，还是很不错的试探性建仓时机的。只要仓位控制得当，抄底买入股票之后便可以获得相应的投资回报了。

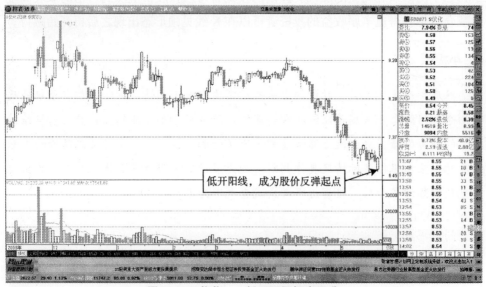

图2-6 S仪化——低开双阳探底回升

如图 2-6 所示，S 仪化的日 K 线中，股价在持续见底的过程中出现了缩量当中的低开阳线见底的走势。短线试探性抄底的时机就在这个时候出现了。投资者如果担心股价会二次回落的话，可以用少量的资金买入股票，这样即便股价真的出现短线回落的走势，也可以避免风险扩大化。

二、二次探底回升信号

股价在二次探底的时候出现见底回升的信号，应该是非常不错的建仓时机。与前期股价反弹走势有些不同，第二次出现见底信号的时候，成交量又一次出现了比较明显的萎缩。但是真的企稳回升后，量能将会更充分地放大，同时股价的上攻的走势也会更加平稳。投资者紧跟着追涨建仓的话，便可以轻松获得投资收益了。

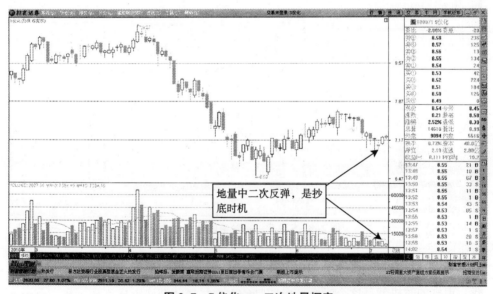

图 2-7　S 仪化——二次地量探底

如图 2-7 所示，S 仪化的日 K 线中，股价在前期短暂反弹走势结束之后出现了持续萎缩的地量成交量。这样，股价在地量当中二次反弹的走势又一次出现了。投资者若能够在这个时候二次抄底的话，显然是明智的选择。股价已经无量维持回落的走势，后期自然缓慢反弹之后就是投资者盈利之时。

三、突破颈线时买点

股价顺利突破颈线之时，量能必然出现比较显著的放大。只有这样，个股的双底形态才能够顺利完成。投资者既然已经确认股价的双底形态了，那么在股价突破颈线之时就开始建仓，将是非常棒的盈利机会。实战当中，股价在颈线处的企稳是需要空间和时间的。颈线处股价短时间的调整走势即便是出现了较大的回落，只要形态上没有跌破颈线，投资者就可以认为双底形态已经基本上完成。追涨之后，投资者便能够获得股价长期冲高的投资收益了。

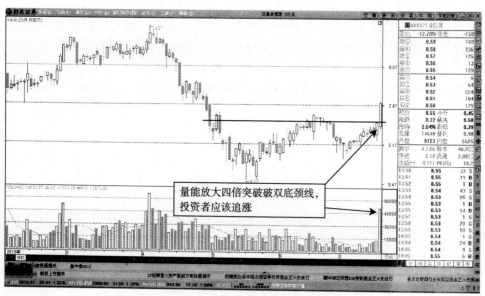

图 2-8 S 仪化——放量四倍突破颈线

如图 2-8 所示，S 仪化的放大四倍的成交量促使该股放量突破了双底的颈线。追涨的时机就是这个时候。后期股价有望延续这种冲高拉升的走势，投资者如果追涨的话，便可以获得稳定的收益了。

如图 2-9 所示，S 仪化自从顺利放量突破双底颈线后出现了高位横盘调整的走势。而投资者高位追涨的重要时机也就是在股价强势横盘的过程中出现了。像很多个股一样，S 仪化在颈线之上横盘调整，而不是在颈线处调整，更能够说明股价的强势特征明显。追涨建仓的投资者能够有不错的投资收益。

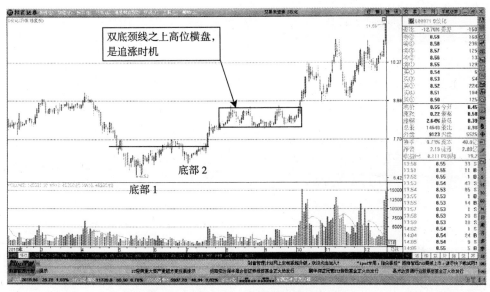

图 2-9 S 仪化——高位强势横盘可加仓

小提示

在双底形态完成之前,股价的运行趋势并不会发生太大的变化。投资者不管是追涨还是抄底建仓,都不应该过于激进,控制投资风险才是第一位的事情。股价顺利企稳回升于颈线之前,投资者的任何操作都是值得再三考虑的。直到股价的牛市行情真的被确认后再考虑建仓也不迟。

本章小结

双底形态虽然简单,但却是实战当中经常可以见到的股价反转形态。投资者若能够充分掌握个股的双底反转走势,并且懂得在适当的时机抄底的话,便可以获得不错的投资收益了。双底形态完成的过程中,其实就是多方逐步占据主动的过程,把握得当的股价大双底形态,能够提供给投资者更多的收益。

第三种方法　头肩底反转
——突破右肩可以加仓

头肩底反转形态与双底形态其实就是相差一个底部。而头肩底多出的这个底部正是股价持续调整的结果。股价反弹上涨的走势并没有那么顺利地出现。投资者只有看清了头肩底的颈线，选择企稳于颈线之后大量买入股票，才会有相应的获利机会出现。本章的重点是从成交量和技术指标两个方面帮助投资者认识头肩底反转形态，并且帮助投资者选择恰当的建仓时机，获得相应的投资收益。

第一节　持续放量三个底部

股价出现头肩底形态的时候，成交量的有效放大是该形态顺利成为股价飙升底部的前提。如果成交量并未出现明显的放大，那么所谓的头肩底形态多数情况下会以失败而告终。

那么成交量究竟以什么样的形式放大呢？

首先，股价回落过程中出现反弹走势的第一个底部应该有适量放大的成交量才行。这个时候量能虽然不一定要放大很多，但是一定要放量。主力的试探性建仓的操作就是从股价头肩底形态首次见底反弹的时候开始。量能在头肩底形态的左肩处适当放大后，股价短时间的回落必然造成主力的短期套牢。在今后股价的二次反弹走势中主力必将做出自救的拉升操作，股价的反弹将成为可能。

其次，第一个底部出现之后，股价重新回落后的头部形态出现之时，也要出现相应的放量才行。主力在股价二次回落之后，不惜成本地抄底并且拉升股价至前期高位附近，对应的成交量需要放得更大。这样，在量能二次有效放大的过程中，形成了头肩底形态的第二个底部也就是头部形态。

最后，股价头肩底形态的右肩形态中，量能会出现最后的一次放大。这最后一次放大的成交量将会促使股价突破颈线部位的压力，并且顺利进入牛市行情当中。可以说，量能在股价头肩底形态右肩处的持续放量是股价能够稳定上攻的前提。

图 3-1 黔轮胎 A——间断放量三个底部

如图 3-1 所示，黔轮胎 A 的日 K 线中，在该股见底回升的头肩底形态中股价出现了比较显著的三次放量拉升行情。从量能大小上来看，左肩处的量能放大的程度最小，而右肩处的量能最大。股价在左肩、头部、右肩分别出现了持续放大的成交量，股价最终完成了头肩底形态。

如图 3-2 所示，东华科技的日 K 线中，股价见底回升的头肩底形态中，对应的成交量出现了持续放大的趋势。股价虽然持续回落，但是主力持续建仓的决心并没有出现一点动摇。只要有机会，主力就会放量拉升股价，头肩底的见底形态也就在这个时候逐步形成了。股价真的见底之前，头肩底的左肩处就开始放量的东华科技早已经为投资者提供了很好的建仓机会。

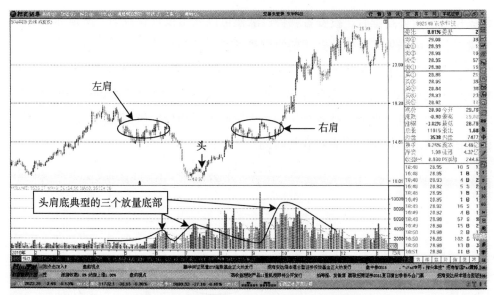

图 3-2　东华科技——持续放量的头肩底部

☁ **小提示**

　　头肩底形态的三个底部出现的时候，对应的个股的成交量会不断地放大。而不管成交量出现了间断性放大还是持续性走强，都是股价走强的重要信号。只要适当把握缩量调整的机会，投资者便可以获得较好的投资收益了。头肩底形态要想出现明显的突破，在突破颈线之前成交量是不会萎缩的。正像上边黔轮胎 A 和东华科技这两种股票一样，股价拉升的时候量能持续回升，表明股价的牛市行情还是具备延续性的。

第二节　指标先于股价企稳

　　技术指标先于股价企稳回升，是投资者买入股票的重要时机。一般情况下，头肩底形态基本上完成之时，指标应该先于股价突破前期左肩的价位处的压力。投资者顺利追涨建仓后，便可以获得相应的投资回报了。

　　股价的走势在短时间内未有突破，并不表明后期不会企稳回升。技术指标被率先拉升至强势高位后，投资者顺势追涨便可以获得投资收益了。从指标的形态上来看，很可能先于股价突破前期的调整形态并且顺利冲高。投资者在技术指标出现有效突破的时候开始追涨个股，便可以获得不错的投资收益了。例如MACD、KDJ、RSI 等指标率先企稳的时候，就是投资者抄底个股的重要机会。从买入股票的时机上来看，技术指标的率先突破或者指标突破前期高位之后出现短时间的回落，都将是投资者建仓的时刻。

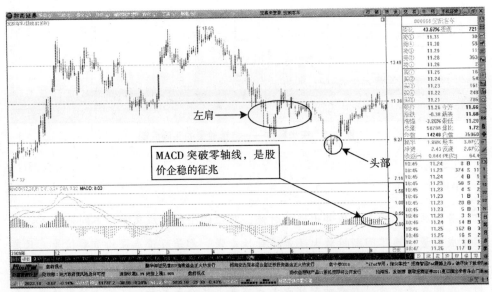

图 3-3　安凯客车——MACD 指标率先突破零轴线

　　如图 3-3 所示，安凯客车的日 K 线中，股价见顶回落过程中，先后在左肩和头部出现了两次明显的反弹走势。而股价在第二次反弹至前期高位之后，虽然没有出现明显的突破，但是 MACD 指标已经企稳于零轴线了。指标的率先企稳，显然预示着股价潜在的突破力量并未真的消失。加仓该股的话，便能够获得不错的投资收益了。

　　如图 3-4 所示，安凯客车从 KDJ 指标来看，股价在图中率先突破了 50 线，并且拉升至高达 80 附近的位置，说明多方已经逐渐占据了主动权。股价的进一步冲高的走势必然会在短时间内出现。KDJ 80 的超买状态在短时间内可能会达到，但是指标冲高至 80 以上之前，该股的追涨时机还是存在的。现在开始介入该股，是不错的时机。

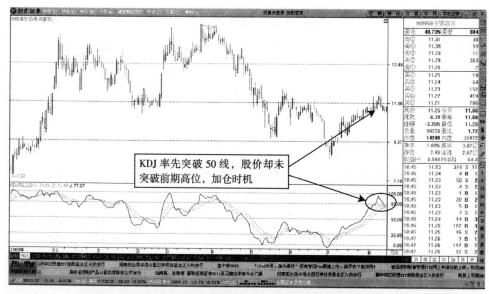

图 3-4　安凯客车——KDJ 达到 80 附近

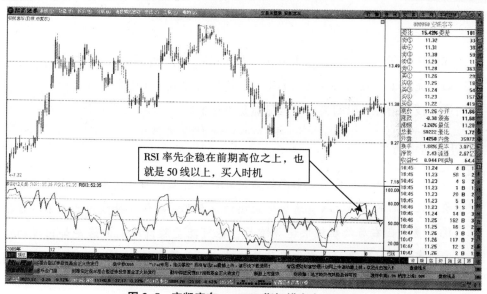

图 3-5　安凯客车——RSI 指标横盘在 50 之上

　　如图 3-5 所示，安凯客车 RSI 指标重新回升至 50 线以上，说明牛市行情在这个时候再一次上演了。前期左肩处股价反弹的时候，RSI 指标还未突破 50 线，而头肩底的头部完成之后，股价就企稳在了 50 线之上，说明多头确定占据了主动权，股价进一步创新高的动力还是存在的。投资者只要适当建仓，便可以获得相应的投资回报了。

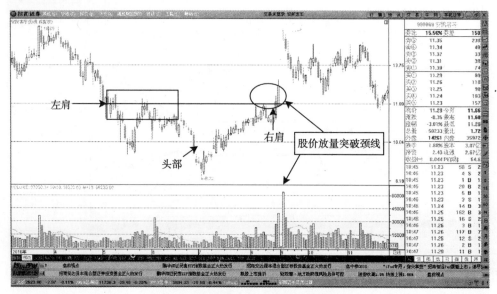

图3-6 安凯客车——股价放量冲高

如图3-6所示，安凯客车头肩底形态已经基本上完成，股价在图中右肩处放量突破，完成了该股的反转底部形态。前期股价完成了头部形态并且拉升至左肩的时候，技术指标发出的买入信号显然是不错的。

小提示

如果成交量并未在头肩底形态的右肩处持续放大，即便技术指标真的已经突破了前期左肩时的高位，投资者仍旧应该谨慎看涨。股价的持续走高并不会轻松地出现。量能在右肩处短线快速萎缩后，很可能是股价冲高回落走势出现的前兆。安凯客车这只股票能够在右肩处快速冲高，与量能持续放大是分不开的。图中快速拉升过程中出现的一字涨停板就说明了这个问题。

第三节 建仓机会逐渐明朗

股价出现头肩底形态的时候，从买入时机上来看，投资者可以在头部放量形成的时候建仓。当然，也可以在头肩底形态的右肩底部开始抄底。而最终能够作为投资者买入时机的，是股价被拉升至头肩底形态的颈线之时。股价能够持续上攻的起点，必然也是在头肩底形态的颈线处。股价如果明显放量企稳在颈线的话，投资者随后加仓就不会冒太大的投资风险了。

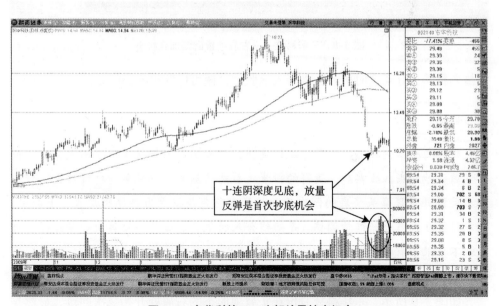

图 3-7 东华科技——头部放量抄底机会

如图 3-7 所示，东华科技日 K 线中，持续十天的下跌阴线完成后，股价出现了持续放量的反弹走势。显然，相比较前期股价的持续回落，这个时候的放量反弹是投资者不错的建仓时机。随着成交量的不断有效放大，该股的持续走强还是会延续的。完成建仓的投资者便能够获得投资收益了。

如图 3-8 所示，东华科技头肩底的头部抄底机会出现后，该股快速反弹的走势一直持续到股价拉升至前期高位。而图中股价高位缩量回落的走势，正是右肩

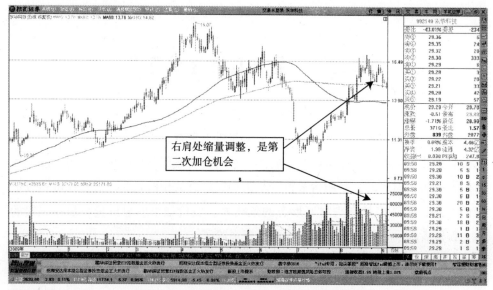

右肩处缩量调整，是第二次加仓机会

图 3-8 东华科技——右肩缩量回调加仓机会

缩量调整的大好建仓时机。适当买入该股后，便可以获得不错的收益了。

小提示

　　股价之所以会在右肩处开始反弹走势，与成交量前期持续放大不无关系。投资者短线抄底买入股票后，获得的投资收益是必然的。一旦量能持续放大，股价再次反弹并且脱离头肩底的颈线后，投资者将会获得更为丰厚的收益。上例中，东华科技在右肩开始缩量调整就是短线介入的机会。股价一旦再次放量反弹，可能就不会限于前期的高度了。

　　如图 3-9 所示，东华科技股价在头肩顶形态的右肩处开始二次回落，显然是投资者短线介入的又一个大好机会。与第一次的缩量回调相同，这次股价短线缩量回落同样是一个不错的抄底机会。从降低投资持仓成本上来看，投资者又有了低价建仓的机会。

　　如图 3-10 所示，东华科技放量突破了头肩底所在的颈线，股价最终拉升至高位。投资者的第三次建仓机会就出现在股价放量突破颈线的一瞬间。三次建仓之后，投资收益在股价不断攀升的时候持续放大。后期股价突破前期高位并且再创新高，不管是短线操作的投资者还是中线持股，都获得了不错的收益。

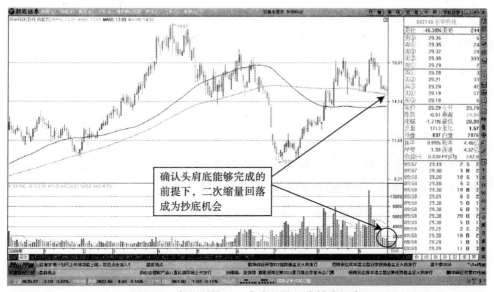

图 3-9　东华科技——右肩处的二次抄底机会

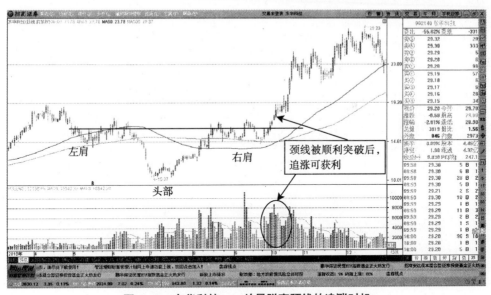

图 3-10　东华科技——放量脱离颈线的追涨时机

本章小结

　　头肩底作为股价见底回升的重要起点，在实战中能够发挥很大的看涨信号作用。不管投资者是短线参与，还是中长线持股，明确判断头肩底形态并且在最短的时间里追涨建仓，获得收益的空间是非常大的。并且，头肩底形态持续的时间越长，量能有效放大程度越高，说明股价的上涨潜力越大。

第四种方法 圆弧底反转
——价涨量增可加仓

个股的底部出现圆弧底，一般来说具备长期看涨的买入机会。本章中所说的圆弧底形态，在量能持续放大的情况下，至少短线来看会是非常强势的牛市行情。投资者如果可以很好地把握圆弧底的建仓时机，还是能够获得不错的投资收益的。量价齐增的圆弧底反转走势中，只要不是买在股价顶部，都可以获利。

第一节 量价持续回升的圆弧底

圆弧底形态的出现，不仅表现在股票价格的K线形态上，也表现在成交量的放大趋势上。股价在前期持续缩量回落后，形成了跌幅逐步收窄的回落走势。而当股价回落到一定程度之后，成交量会逐步回升，并且带领股价出现持续的反弹走势。这样，类似于圆弧形的成交量变化与股票价格的变化，促使个股的圆弧底反转形态快速完成了。

圆弧形反转走势出现的时候，股价可能会是圆弧形的短线走强行情。当然，如果指数放量拉升的力度比较大的话，也可以是持续放量冲高的大圆弧状牛市行情。不管圆弧形持续的时间如何，投资者都应该抓住放量拉升的股价不放，并且持股等待更好的涨幅，这样便可以轻松获得投资收益了。

如图4-1所示，上海三毛的日K线中，股价短线见顶回落后，成交量随之出现了快速的萎缩走势。反弹的时候，量能持续放大后，股价形成了见底反弹的圆弧形底部。量价同步圆弧底反转完成后，股价的上涨幅度已经比较大了。完美

的圆弧形股价底部反转与成交量的圆弧形运行趋势，如果投资者可以介入的话，
便可以获得不错的投资收益了。

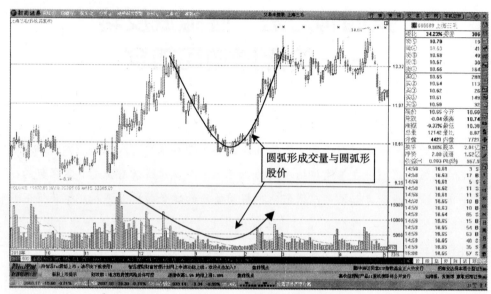

图4-1　上海三毛——量价均为圆弧状底部

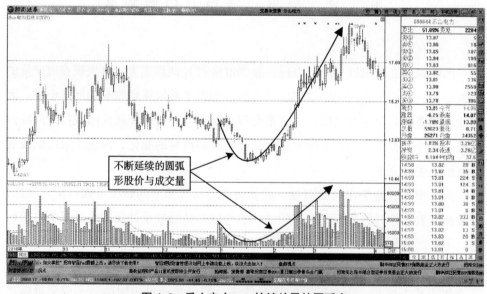

图4-2　乐山电力——持续放量的圆弧底

如图4-2所示，乐山电力震荡回落的过程中，量能随着股价的圆弧形反转走

势延续的过程中，同步出现了萎缩后持续放量的走势。并且，该股之所以出现了超越前期高位的圆弧形反转走势，与成交量的鲜明变化密不可分的。不管怎样，加仓在股价持续放量完成圆弧形反转走势的时候，投资收益将不断地兑现。

小提示

股价圆弧底反转形态出现之后，股价飙升的幅度将取决于成交量变化的幅度大小。如果股价回落过程中有更小的成交量，而股价反弹上攻的时候量能更大的话，股价上涨的幅度也将会更大。乐山电力的走势就是这样的，下跌与反弹的时候量能出现了非常明显的缩放变化，才导致股价持续上攻，最终突破了前期高位。

第二节　指标温和走强

不像头肩底以及双底反弹走势中的技术指标会出现比较明显的突破走势，圆弧底反转形态出现的时候，技术指标只是在不断地延续回升的趋势。投资者想要抄底的话，不管何时都是买入股票的机会。只要股价没有出现放量见顶的走势，投资者都是可以追涨获得投资收益的。

技术指标在股价回落的过程中，会不断地在走坏中运行，只不过股价下跌的幅度越深，技术指标会更加的迟钝。不同周期的技术指标不能够发散向下的时候，就出现了股价的见底回升的走势。而如果技术指标与股价在底部同时回升，并且指标形成了看涨的金叉等信号，便是投资者买入股票的最佳时机。

股价反弹的走势与技术指标的回升趋势一般都是同步出现的。判断股价能够持续不断地反转，从技术指标来看，就要看指标形成的圆弧形态能否持续下去了。如果指标可以不断地回升，并且不会出现看跌的信号，那么投资者就可以密切关注短线追涨时机了。不管哪一刻追涨，圆弧形反转都会为投资者提供不错的盈利机会。只要投资者敢于冒险一试，就能赚取收益了。

如图4-3所示，乐山电力的日 K 线中，股价在底部快速反弹的时候，KDJ 指标持续反弹到了 50 附近。这样看来，股价的持续回升的走势显然已经得到了该指标的确认。若能够抓住这个比较明显的卖点的话，便可以轻松获利了。50 线作为 KDJ 指标看涨的重要信号，顺利突破了该多空分割线后，股价的买点也就出现了。作为圆弧形反转的买入时机，KDJ 指标一般不会在股价圆弧形反转的时候出现明显的回落或者调整。KDJ 指标突破 50 线就是买点了。

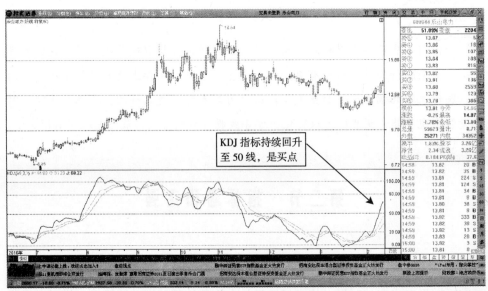

KDJ 指标持续回升
至 50 线，是买点

图 4-3　乐山电力——KDJ 快速接近 50 线

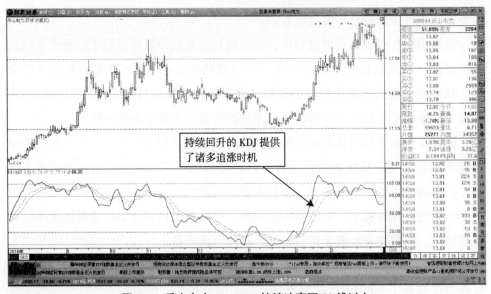

持续回升的 KDJ 提供
了诸多追涨时机

图 4-4　乐山电力——KDJ 持续冲高至 50 线以上

如图 4-4 所示，乐山电力该股在持续反转过程中，KDJ 顺利突破了 50 线后，不断地延续了这种飙升的走势。而从股价的持续反转走势可以看出，建仓时机其实处处都有的。只要投资者想要获利，便可以追涨了。股价的持续飙升的走势一定会延续这种强势的。

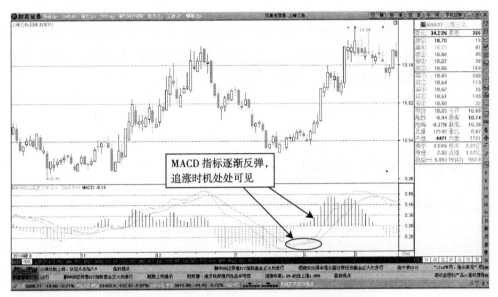

图 4-5 上海三毛——MACD 指标的快速回升

如图 4-5 所示，上海三毛 MACD 指标自从底部完成金叉看涨信号后，股价持续飙升的走势就在这个时候持续不断地出现了。指标与股价的同步发散向上就是投资者不错的追涨时机。圆弧底部持续不断地飙升的过程，指标与股价的同时向上，并未出现太大的调整，就说明了该股的运行趋势并未发生显著变化。任何时候的追涨都将成就投资者不错的投资收益。

小提示

股价出现圆弧形底部反转走势的时候，技术指标同时完成了底部的金叉看涨信号后，也出现了持续向上发散的走强行为。投资者在买入时机的选择上其实是很多的。只要指标还在延续这种拉升的走势，投资者就可以买入股票。

第三节　建仓机会逐渐强化

股价之所以会出现圆弧底反转走势，与前期股价短时间的缩量破位下跌不无关系。股价短时间快速缩量回落之后，主力并没有机会减少持股数量。既然主力都已经被套牢在了股价的顶部，那么股价见底回升走势的出现就不足为奇了。投资者在主力自救拉升股价的时候，从买入股票的时机上来看，一般会有以下三个建仓机会：

机会一：指标金叉出现时

技术指标出现金叉建仓信号的时候，投资者可以试探性地买入股票。至少短线看来，股价要想出现走强，技术指标一定会形成金叉。投资者这个时候买入见底回升中的股票，能够获得相应的投资回报。

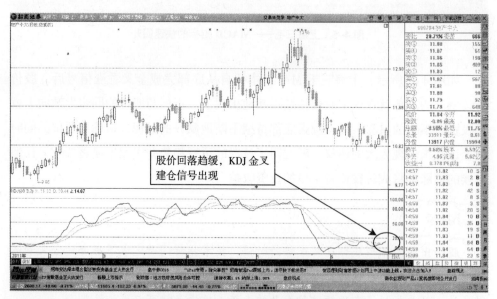

图4-6　物产中大——KDJ首次金叉买点

如图4-6所示，物产中大的日K线中，该股从前期的回落趋势中趋于平稳后，形成了该股半个圆弧形的反转走势。KDJ 指标在图中出现的金叉看涨信号是投资者看涨的重要机会。股价的上涨幅度虽然并不是很大，KDJ 指标的率先企稳回升，却向投资者表明了首次建仓的重要机会。下跌趋于平稳后，该股有望出现比较明确的圆弧底反转走势。

机会二：圆弧底部完成时

股价在底部持续反转过程中，虽然还未形成比较大的圆弧形反转走势，但是短线的圆弧底部基本上已经完成了。投资者可以在股价圆弧形的小底部出现的时候尝试动用较大的资金建仓，后市量价齐增的过程中，投资者便可以获得相应的投资回报了。

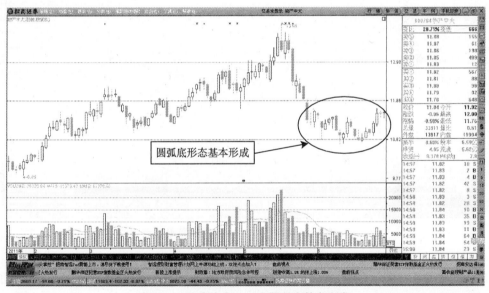

圆弧底形态基本形成

图 4-7 物产中大——小圆弧底基本完成

如图 4-7 所示，物产中大的底部圆弧形反转走势出现了，股价持续飙升的圆弧底部的雏形就这样完成了。成交量这个时候显然是出现了放大的趋势的。如果后期量能继续放大并且伴随着股价的持续飙升，那么投资者的收益就有保证了。该股圆弧形反转走势的第二次抄底的时机，其实也就是这个时候。

小提示

股价见底回升的圆弧底形态出现之前，必然在底部形成一个比较小的圆弧形底部反转形态，而这个圆弧形底部就是投资者建仓的重要信号。小的圆弧底部会转化成大的圆弧形反转，投资者早期介入的话，必然能够获得相应的投资回报的。

机会三：股价短线回落时

圆弧底形态出现之时，物产中大股价也会同步拉升至高位。但是，短线回调的走势很可能不断地出现在股价反弹过程中。投资者利用圆弧反转形态中缩量调整的机会建仓，也不失为好的获利机会。

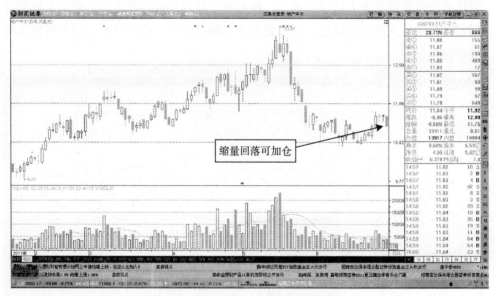

图 4-8　物产中大——缩量回落是买点

如图 4-8 所示，物产中大的类似圆弧形的底部初步形成之后，该股出现了缩量回落的走势。虽然是缩量回调，却没有改变该股触底反弹的圆弧形反转的走势。这个时候再次加仓的话，仍旧可以获得相应的投资收益的。后期股价的飙升走势还将延续。短暂回调的股价成为投资者继续建仓的第三个有利时机了。

小提示

圆弧底反转走势延续的过程中，股价在中途出现短时间的缩量调整，这种走势还是比较常见的。下跌的时候买入圆弧形拉升的股价，减少了持仓成本，更有利于投资者获利。物产中大这个例子就是这样，投资者如果在该股短线回调的时候建仓，便可以获得相应的投资回报。

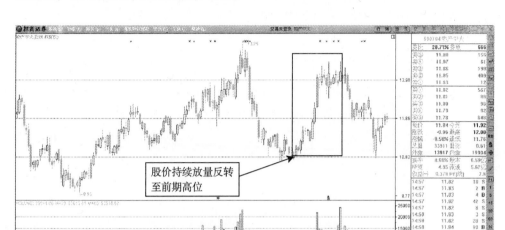

股价持续放量反转
至前期高位

图4-9　物产中大——圆弧形反转快速出现

如图4-9所示，物产中大股价见底回升的圆弧形反转走势终于在图中形成了。前期股价逐步减缓下跌幅度的过程中，指标KDJ、圆弧形底部的雏形以及该股短时间回落的走势都为投资者提供了建仓时机。

本章小结

圆弧底反转走势，在股价企稳回升的时候所起的支撑作用是任何底部形态都难以比拟的。并且，圆弧底形态持续的时间越长，对股价的支撑力度将会更大，投资者如果买入那些突破了前期高位的个股的话，必然能够获得相应的投资回报的。圆弧底反转走势，本身上涨的幅度就是高不可测的，前期下跌的力度越大，圆弧底逐步回升的幅度也会越大，投资者更能够获得相应的投资收益的。

第五种方法　岛形底反转
——缺口之上逐步看涨

空方做空的卖出策略受到了前所未有的挑战，股价虽然在大幅度下挫后仍然出现了明显的跳空下跌的缺口，但是缺口的出现却结束了空方长期统治个股走势的特征。股价在跳空下跌的缺口出现之后，反向跳空脱离底部的时候就完成了所谓的底部岛形反转形态。本章的重点就是向投资者介绍该反转形态，并且帮助投资者抓住潜在的丰厚投资收益。

第一节　巨量拉升的跳空缺口

巨量拉升股价的跳空缺口出现在股价底部的时候，其实就是股价见底回升的开始。前期股价已经出现了加速见底的回落缺口，与之后股价反弹的跳空拉升的缺口正好组成了股价见底回升的岛形反转走势。

股价在持续回落的过程中出现类似岛形的底部后，反转的信号就开始出现了。而股价真正反转的开始是从巨量跳空拉升的 K 线出现之后才开始的。判断股价岛形反转的第一步要看该股是否已经形成了岛形反转形态。而大幅度跳空拉升的阳线的出现正是股价企稳回升的开始。在岛形反转走势逐步延续的过程中，投资者一定需要先抓住股价的跳空拉升的阳线，才能够获得相应的投资回报。

如图 5-1 所示，SST 中纺的日 K 线中，股价在见底回升的岛形底部出现之后，该股以两个涨停板的方式突破了前期的底部。并且，成交量在股价第二次涨停的时候，放出来难得一见的天量成交量。这样，该股探底回升的岛形反转底部显然已经有天量成交量作为后盾了。股价的持续拉升，还是非常值得期待的。

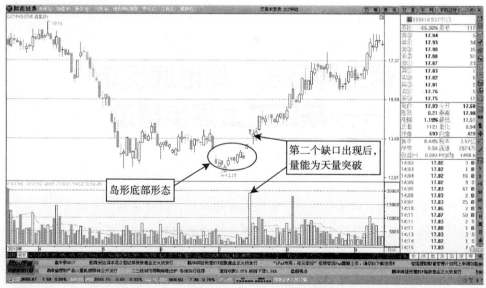

图5-1　SST中纺——天量拉升的跳空涨停板

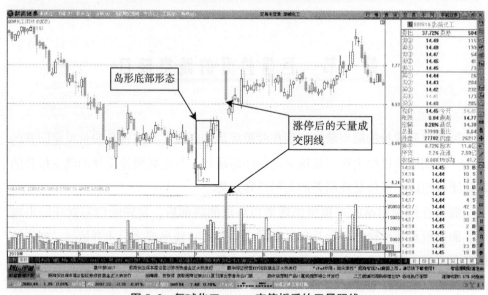

图5-2　氯碱化工——字停板后的天量阴线

　　如图5-2所示，氯碱化工持续回落过程中，见底回升的岛形底部早已经形成了。相应的成交量，也出现比较明显的放大。而股价跳空拉升的一字涨停板完成后的第二天，股价出现了天量大阴线的K线形态。这样看来，后期股价的放量冲高还是非常值得期待的。天量出现的背后是该股岛形反转后的持续看好的行情。

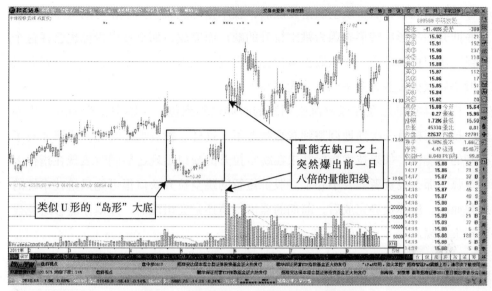

类似 U 形的"岛形"大底

量能在缺口之上突然爆出前一日八倍的量能阳线

图 5-3 中珠控股——二次跳空后放量冲高

如图 5-3 所示，中珠控股的走势中，底部岛形反转的形态更像是圆弧形反转走势。而图中所示的跳空拉升缺口的完成，股价快速暴涨的背后，是放量八倍阳线的出现。该股持续走强的开始就在该股放量阳线出现之时。

小提示

像中珠控股这样的，在跳空之后出现巨大成交量柱，并且能够在今后维持放量至等量线以上的成交量，显然表明股价的强势特征能够不断地延续。投资追涨买入这种能够持续放量拉升的股票，才可以获得源源不断的投资收益。

第二节 指标快速企稳

岛形反转出现在股价底部后，随着股价的跳空拉升并且顺利突破前期回落的下跌缺口后，技术指标也会同步出现企稳回升的走势。判断股价能否延续这种回升的趋势，比较重要的一点就是技术指标是否已经表明股价已经出现了持续看好的运行趋势。

一般情况下，股价跳空回落见底后，技术指标也就达到了相对的低点。一旦见底回升的岛形反转形态因为跳空拉升的缺口而完成，那么技术指标也会在这个时候同步企稳回升的。既然股价与指标都出现了企稳回升的走势，那么投资者买入股票后获得收益的概率也就大大提高了。

指标其实早已经在股价跳空回落的时候调整到位了，跳空拉升的缺口出现后，技术指标就一次性地调整到看涨状态了。这样，投资者短线介入股票才有了盈利的可能性。如果技术指标并未在跳空拉升的缺口出现之后同时表现在指标上的走强，那么投资者就要小心了。股价短暂的跳空拉升缺口很可能只是技术性的反弹而已。反弹走势完成后，前期的熊市行情还是会出现的。谨慎才能够避免投资损失出现。

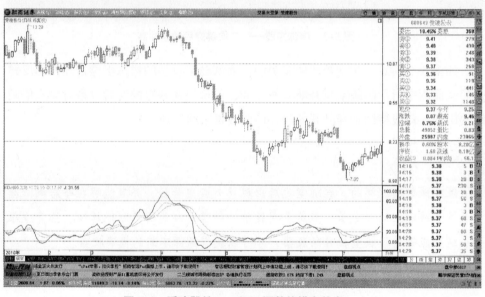

图 5-4 爱建股份——KDJ 调整值横盘状态

如图 5-4 所示，爱建股份的日 K 线中，股价前期跳空回落的缺口出现之后，该股出现持续调整的走势。从 KDJ 指标上看，该指标显然已经不再持续回落，并且早已经在横盘中等待股价的持续冲高走势出现了。

如图 5-5 所示，爱建股份跳空拉升缺口马上就出现了，KDJ 指标跟随股价的跳空走势也同步冲高。图中 K 线飙升至 50 线附近就表明了该股岛形反转的技术指标表现的买点在这个时候出现了。投资者在这个时候加仓该股，能够得到 KDJ

指标的支撑，显然具有可持续性。

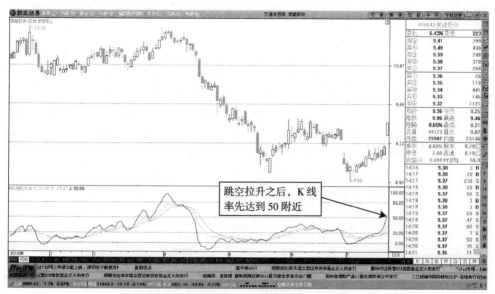

图 5-5 爱建股份——K 线快速接近 50 线

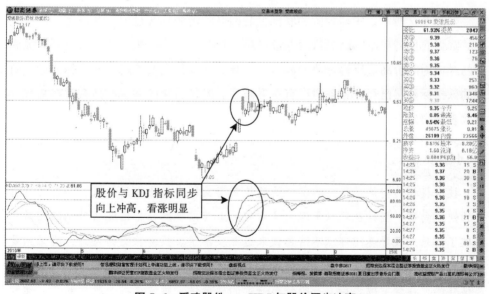

图 5-6 爱建股份——KDJ 与股价同步冲高

如图 5-6 所示，爱建股份股价后期继续上攻，而 KDJ 指标三条线同步放大至 50 线以上，说明技术指标的走强的确为投资者提供了不错的建仓机会。追涨买入股票的话，能够获得比较稳定的投资收益了。

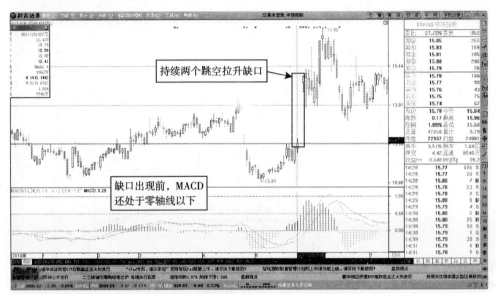

图 5-7　中珠控股——MACD 快速向好

如图 5-7 所示，中珠控股的底部见底回升的走势其实也可以看作是一个比较小的圆弧底反转形态。而股价后期放量跳空拉升后，该股短时间内形成的圆弧底部已经成为股价岛形反转走势的起点了。MACD 指标在股价跳空上涨的前后，对应的该指标显然已经在零轴附近有所突破了。股价后期的持续冲高有望在指标上再次表现出来。

小提示

技术指标的突然走强，其实也是股价岛形反转走势出现的结果。如果没有股价的快速向好，指标也难以出现快速突破的走势。既然指标已经从前期的调整中突破了出来，投资者即可以不惜金钱来追涨股票了。投资收益的获得，恐怕只是时间的问题。追涨之后，便有获得投资收益的机会了。前边所说的几个例子，都是这样的。指标突破之后，一般会有一定的延续性，投资者买入股票的话，便能够获得相应的投资收益了。

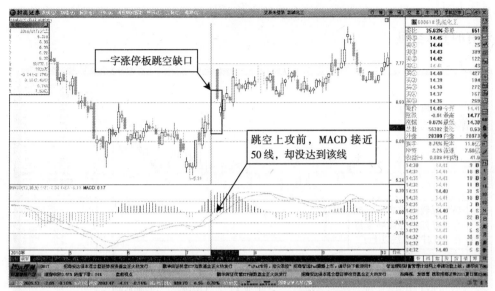

图 5-8　氯碱化工——MACD 突然冲高至 50 线

如图 5-8 所示，氯碱化工的走势与前边两只股票的变化其实差不多。该股并未真正跳空之前，MACD 指标还处于零轴线以下。而看涨缺口一旦出现，MACD 指标的持续回升就逐步开始了。指标的延续性还是有的，不管该股短时间的走势如何，MACD 还是会持续向好的。

第三节　量能稳定后建仓

　　岛形反转形态要成为股价真正的企稳回升的起点，重要的一条是要有成交量的持续放大作为后盾。任何股价底部反转形态的持续都是需要成交量放大来支撑的。投资者如果能够抓住这一特征的话，不仅不会买入错误的股票，还能够有不错的投资收益入账。

　　从成交量企稳回升的时机上来看，一般应该在股价见底回升的跳空缺口完成之后就应该开始了。可以说，股价快速拉升的跳空缺口的出现是股价持续企稳回升的起点。成交量将会因为股价的跳空上涨而出现明显的放大。并且，从成交量放大的形式上来说，并不是短暂的脉冲式的放大，而是最低成交量达到新高度的放大趋势。正是因为量能再上新台阶的走势才使得股价出现了岛形反转以来前所未有的上涨空间。

图 5-9　爱建股份——量能维持在 100 日等量线之上

如图 5-9 所示，爱建股份的日 K 线中，该股在岛形反转底部完成时成交量也持续放大至 100 日的等量线之上。100 日等量线作为个股活跃程度的重要等量线，在这个时候被顺利突破，正是投资者不错的建仓机会了。

小提示

　　像爱建股份那样，在突破上攻的缺口出现之后，个股维持比较大的成交量，是很多的股票常有的走势。成交量不管股价涨跌，能够始终维持在一定的高度之上，表明投资者参与的程度是非常高的。不管从短线还是中长线来看，这类股票都是有比较好的上涨潜力的。

　　如图 5-10 所示，中珠控股底部圆弧底形状的岛形底部完成后，成交量持续暴增至远离 100 日等量线的地方。很明显的，该股的前期无量状况发生了根本的变化。股价的活跃程度因为量能暴涨的促进作用使该股有望出现非常强劲的震荡冲高走势。持续买入该股，绝对是获利的开始。

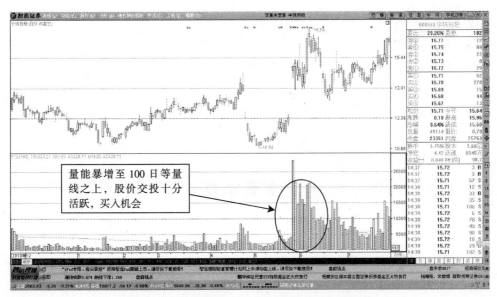

图 5-10　中珠控股——100 日等量线被大幅突破

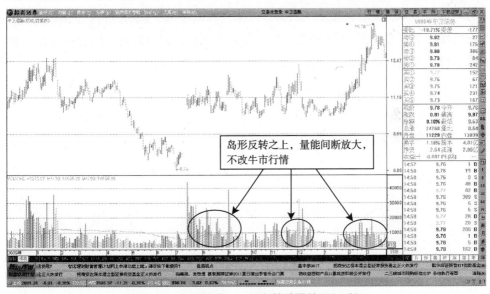

图 5-11　中卫国脉——间断性放量的买入时机

如图 5-11 所示，中卫国脉在前期持续暴涨了四个涨停板后，岛形反转很快地完成了。高位横盘的过程中，成交量出现了间断放大的运行趋势。如果投资者在缩量调整的时候抄底，还是能够获利的。间断放大的过程中，股价震荡走高的可能性还是存在的。

小提示

股价暴涨之后，量能在股价强势横盘的阶段有规律地呈现放大迹象。虽然不是什么强势股票应有的状况，但是股价的阶段性的牛市行情还是非常值得期待的。短时间内股价不连贯的放量后，投资者介入这样的股票仍旧有利可图。

本章小结

岛形反转走势如果有成交量的配合，都是投资者建仓获利的大好时机。岛形反转走势其实并不多见，一旦出现的话，投资者应该认真分析个股能够延续这种放量拉升的走势。如果可以的话，建仓获利的可能性非常之大。岛形反转的底部的出现其实是空方恐慌性杀跌后多方大胆介入的结果。说明股价在底部的破位下跌已经得到了多方的大力支持。空方力量消失而多方力量膨胀的时机就在于此。趁股价还未创新高前追涨，便可以获得相应的投资回报了。

第六种方法 三角形底部反转
——放量突破可加仓

> 三角形反转走势，说白了是股价放量突破三角形形态的时候为投资者提供的建仓时机。多方的抛售压力基本上在三角形调整的时候出现了非常明显的减弱，反弹走势在量能放大的过程中出现了。本章的重点将向投资者介绍三角形底部完全形成后，股价放量冲高时对应的买点。

第一节　放量突破是关键

三角形底部出现的时候，缩量调整是股价的基本运行趋势。投资者可以不去理睬股价持续调整的走势，而是在股价真正突破的时候再去考虑加仓的问题。量能放大后，不仅是多方力量强大的标志，更是主力坚决看涨的表现。

三角形调整走势出现的初期，股价会经历大幅度下挫或者短线强势上攻的走势。三角形的调整形态就出现在股价大幅度波动之后。逐步企稳的股价对应的震荡幅度会不断地收窄。而当股价波动空间不能够再萎缩的时候，量能放大的突破行情在短时间内就会出现。三角形调整形态的突破点就在股价放量突破之时开始了。

三角形成为股价底部的时候，基本上有两种情况：一是股价在牛市行情中，冲高回落之后形成了三角形调整的底部形态。二是股价短线快速回落之后，缓慢调整到位后形成的三角形调整形态。两种情况下的三角形底部，只要成交量能有效放大，股价就还是可以顺利突破的。

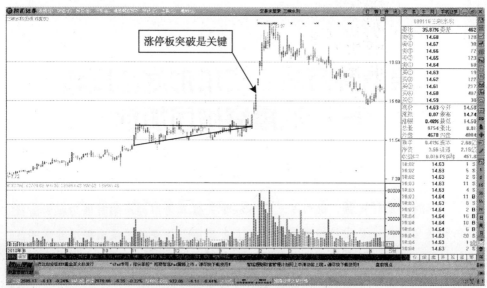

图6-1 三峡水利——涨停板开启突破行情

如图6-1所示，三峡水利的三角形调整走势持续了将近三个月的时间。前期股价拉升的过程中，浮筹几乎全部被消化完了。股价真正突破该三角形底部的时刻是在图中涨停大阳线出现之时。股价的持续飞涨的走势就这样开始了。可见，突破性质的涨停板对该股的走强是多么的重要。

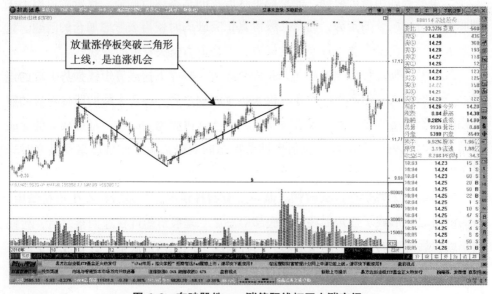

图6-2 东睦股份——涨停阳线打开上涨空间

　　如图 6-2 所示，东睦股份的日 K 线中，股价在持续七个月的调整走势中形成了比较大的一个类似等边三角形的底部形态。该调整形态在持续的过程中并未出现任何的突破性的走势。而图中所示的涨停板出现后，股价被大幅度拉升至该三角形的上线。这样，三角形底部的突破点就在这个时候出现了。后市股价显然会延续这一飙升的走势，而放量涨停板的出现正是发挥了不可替代的作用。

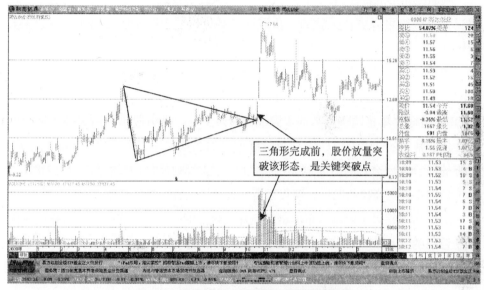

图 6-3　同达创业——缩量后放量涨停突破

　　如图 6-3 所示，同达创业前期快速回落之后出现了不断企稳回升的走势。并且随着时间的推移，股价的三角形调整形态就这样缓慢地形成了。在该三角形底部接近完成后，又是涨停板大阳线，促使该股的飙升行情快速地出现在投资者面前。

小提示

　　股价强势突破调整三角形的标志，通常都是以放量涨停板开始的。因为，主力在股价调整到位之后，不仅拉升股价的阻力大大减轻，主力大量资金拉升股价的力度也同样会促使股价放量涨停。这样看来，以上所说的三峡水利、东睦股份与同达创业的走势都是值得投资者借鉴的涨停板突破信号。把握得当的话，还能够在其他个股中发现这种建仓机会。

第二节 OBV 与 ASR 创新高是要点

　　判断三角形底部能否顺利地突破，可以从技术指标上来做提前分析的。一般情况下，最终可以成功突破的三角形调整走势通常会明显地表现在 OBV、ASR 指标上。

　　OBV 指标是通过统计成交量的变动趋势来预测股价的涨跌变化的。而股价的涨跌变化会严重依赖成交量的涨跌情况。三角形底部形成的过程中，如果对应的 OBV 指标会随着调整形态逐步完成而缓慢上移，那么股价今后突破上涨的可能性是非常大的。并且，OBV 指标持续回升的趋势越强，累计拉升的幅度越大，对应的股价今后突破的力度也会更大一些。选择那些股价持续企稳，而 OBV 指标不断地调整到高位的股票，获得投资收益的可能性是非常大的。

　　ASR 指标是属于筹码分布类型的指标。该指标的大小，表明某一价格范围内浮动筹码的大小究竟如何。三角形调整走势出现的时候，如果 ASR 指标能够调整至比较高的位置，并且能够放量突破的话，股价将会有比较高的上涨幅度。三

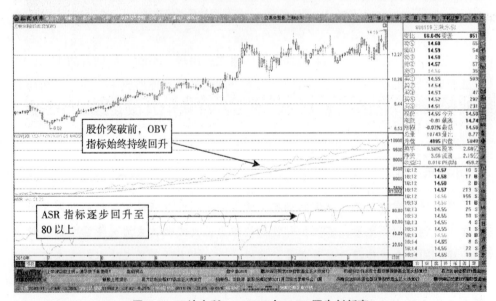

图 6-4　三峡水利——OBV 与 ASR 同步创新高

角形底部不断延续的时候，浮筹量会缓慢增加。一般情况下，ASR 指标从底部逐步调整至 90 附近的时候，如果有突破行情出现的话，股价将有很大的上涨幅度。特别是那些持续调整时间在三个月以上的个股，出现 90 以上的浮筹后，股价的上涨幅度一定是非常可观的。

如图 6-4 所示，三峡水利在有效突破三角形调整走势之前，OBV 指标始终处于回升的阶段，并且从浮筹指标 ASR 上看，早已经震荡回升到了高达 80 附近的区域。这样，浮筹的大增与 OBV 指标的升高出现在该股三角形调整突破之前，显然是不错的看涨时间。因为，至少从成交量上看，OBV 的回升提供了股价上涨动力。而浮筹的大幅增加，一旦被股价放量突破的话，必然出现较大的上涨空间。

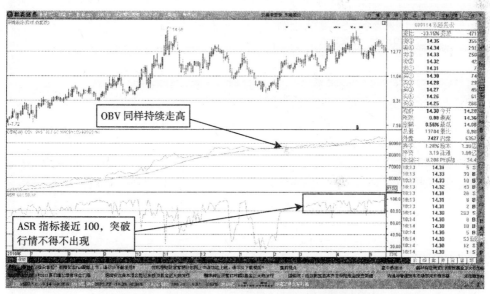

图 6-5　东睦股份——OBV 与 ASR 逐步调整到位

如图 6-5 所示，东睦股份顺利突破大三角形调整的底部之前，浮筹指标 ASR 已经基本上调整到了高位。股价的突破走高显然在短时间内就会出现。而成交量指标 OBV 的回升同样为股价的冲高创造了条件。投资者这个时候建仓的话，必然是不错的时机。

如图 6-6 所示，同达创业的三角形底部形成的时间就是浮筹指标 ASR 回升的时间。浮筹长达五个月的持续走高，表明股价的突破性行情真的应该出现了。

不然这么高的浮筹显然是不能够长时间稳定存在的。而图中显示，OBV 指标在图中快速膨胀的时候，就是投资者买入股票的大好机会。后市股价持续冲高的时候，投资者就知道两个指标配合放大是多么好的抄底时机了！

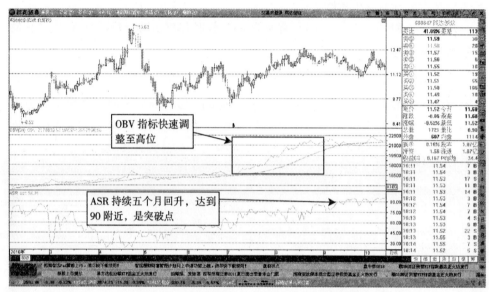

图 6-6　同达创业——ASR 持续五个月抬高

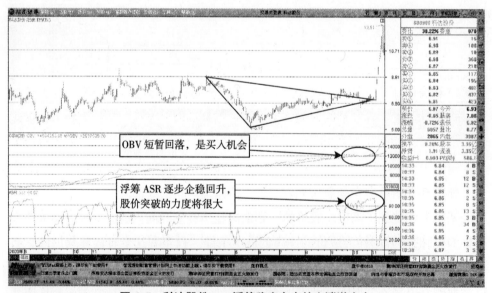

图 6-7　科达股份——浮筹稳定存在的上涨潜力大

如图 6-7 所示，科达股份的日 K 线中，浮筹在图中持续企稳的时候，股价已经基本上完成了三角形的调整走势。图中筹码短时间稳定在高位，正是主力大举参与的结果。股价的突破性拉升走势就说明了这一点。加仓买入股票的话，是非常不错的机会。不仅如此，图中 OBV 指标持续回升过程中，在图中所示的位置出现了短暂回调的机会，是追涨的时机。后期股价持续放量拉升，投资者追涨将获利丰厚。

小提示

从以上三个例子看出，股价持续调整的三角形形态在顺利完成之前，OBV 指标的持续回升是股价后期突破的重要基础。可以说，OBV 指标持续回升后，为股价的上攻提供了动力。主力收集筹码的强弱就表现在 OBV 指标的大小上。而浮筹指标 ASR 的大小，在一定程度上表明主力最终拉升股价的阻力究竟有多么的大。一旦浮筹 ASR 调整至相当高的位置，股价在短时间突破后必然能够出现较大的上攻行情。

第三节　突破拉升可追涨

三角形调整走势完成之后，股价顺利冲高的走势会在短时间内完成。而一旦股价顺利突破了三角形的调整底部，并且股价能够延续这种放量拉升的走势的话，将是投资者买入股票的绝佳机会。股价调整的时间越久、持续调整的幅度越大，股价顺利上攻的力度也会更大。突破之后的股价上涨幅度一定是非常惊人的，要想第一时间抓住投资收益，如果不是前期就已经持有股票的话，第一时间里追涨买入股票还是非常必要的。

如图 6-8 所示，三峡水利放量突破前期三角形调整走势后，股价出现了图中所示的持续缩量现象。虽然成交量持续萎缩，却不是股价的顶部。股价以高开高走的方式拉升至涨停板，导致众多的投资者失去了买入股票的机会，致使成交量持续萎缩。出现这种情况，其实是追涨的好机会。不出意外，这种看似缩量实际上短时间放量拉升的涨停板，将会促使股价暴涨行情的快速出现。

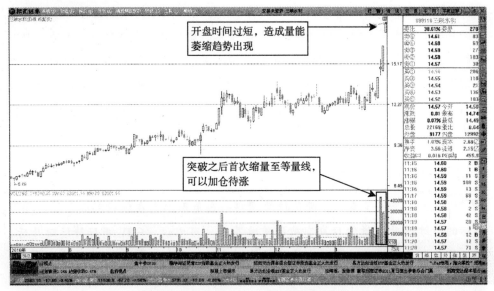

图 6-8　三峡水利——首次缩量可建仓

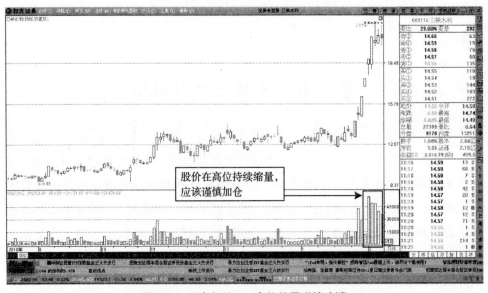

图 6-9　三峡水利——高位缩量谨慎追涨

如图 6-9 所示，三峡水利高位缩量调整，股价出现了持续三天的棒槌线，而不是涨停板阳线。这样看来，投资者不应该在这个时候轻易地追涨。股价的持续回升的走势显然已经明显放缓，追涨的话，只会造成更大投资风险出现。

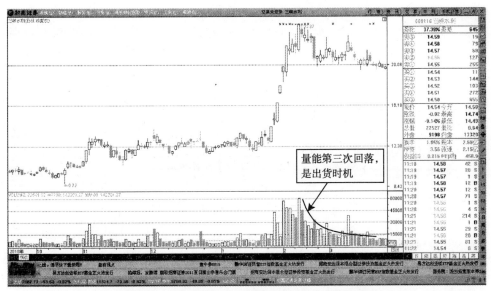

图 6-10 三峡水利——量能与股价同步见顶回落

如图 6-10 所示，三峡水利最终以一个天量涨停板结束了该股短时间的暴涨行情。随着之后成交量的持续萎缩，股价的见顶回落不可避免地出现了。散户在股价缩量回落的时候减仓才可以避免损失扩大化。而图中天量拉升涨停板见顶的时刻，就是投资者最初兑现利润的有利时机。

> **小提示**
>
> 三峡水利突破性的大阳线出现之后，股价虽然也出现了缩量拉升的涨停板，却不同于其他个股的缩量上涨。因为主力控盘程度比较高，资金利用效率也高，短时间就拉升股价至涨停板后，众多的股票是不容易成交的。这样看来，追涨这样的股票非但不会遭受损失，还能够获得相应的投资回报。

如图 6-11 所示，同达创业在飞速拉升走势中出现了快速放量的四个涨停板走势。在股价突破三角形底部的时候和放量拉升的过程都是投资者追涨的时机。股价打开了涨停板并且出现了持续两天的缩量后，是投资者的真正出货时机。量能高位萎缩的结果，只能是股价的持续回落。减仓持股才能够避免损失扩大化。

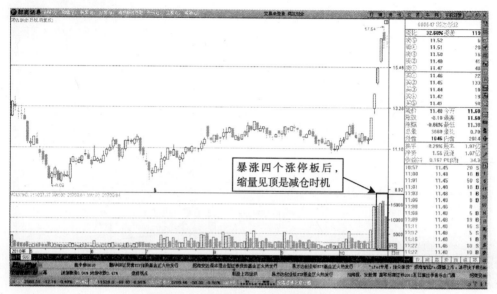

图 6-11　同达创业——首次缩量可减仓

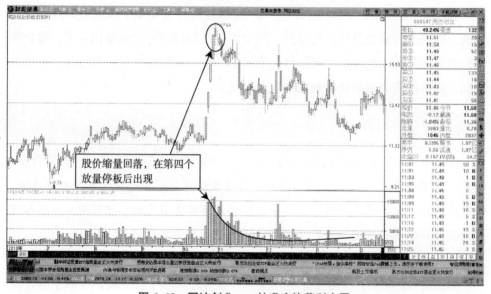

图 6-12　同达创业——拉升完毕获利丰厚

如图 6-12 所示，同达创业后期成交量未出现有效的放大，股价的回落趋势不可避免地出现了。前期减仓在股价高位的时刻，其实就是投资者获得投资收益的时机。散户如果懂得及时避险，并且不过于贪婪地追求利润，还是能够轻松避免损失放大的。

本章小结

　　三角形调整形态在个股的运行趋势中出现的概率还是相当高的。投资者如果想要获得相应的投资回报，还是应该非常准确地掌握三角形的调整走势，才可以获得更多的获利机会。特别是那些长期延续三角形调整走势运行的股票更是值得投资者注意，不温不火的调整走势很可能潜藏着更大的投资收益。

第七种方法 菱形底部反转
——突破三角形加仓

菱形调整形态其实是两个三角形组成的复合调整形态。前期股价持续震荡冲高的时候形成了发散向上的三角形，而股价短线见顶后出现了缩量调整的收敛三角形形态，两个形态组成的菱形底部形态起始于缩量又结束于缩量。股价最终大幅度上涨的开始是在股价放量突破该菱形调整形态之后。本章将介绍关于该调整形态的突破与买点的问题。投资者如能够充分理解书中关于放量突破的追涨机会，将会在实战中获得相当丰厚的收益。

第一节 量能稳定是突破前提

菱形调整形态中，分析该形态持续过程中成交量的变化，可以从持续发散的三角形与持续收敛的三角形两个方面来分析。

发散三角形出现的时候，成交量会出现比较明显的放大。并且，股价震荡发散的过程中，在某一时刻达到短线高位附近。这个时候，是成交量萎缩的开始，当然也是收敛三角形出现之时。股价的发散三角形完成之时，量能已经明显出现了放大。但是，这个时候并不是投资者建仓的有利时机。短时间放量之后，只能够说明散户的参与程度在短时间内快速回升了，但是并未形成明显的运行趋势。

短线成交量达到新高之后，股价的见顶回落的走势会在短时间内出现。菱形调整走势中的收敛三角形就在量能持续萎缩过程中出现了。但是，虽然是收敛三角形，成交量并不是没有底的持续萎缩趋势。菱形调整的走势毕竟还是会出现向上突破的走势的。当收敛三角形基本上完成形态后，量能萎缩的程度并不会低于前期发散三角形的阶段。股价后期的放量突破还是有一定的成交量作为支撑的。而一旦量能出现二次放大，菱形底部被放量阳线顺利突破之时就是投资者追涨建仓之日。

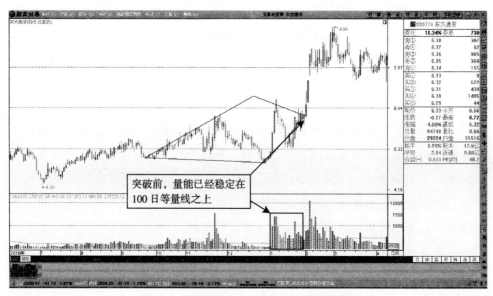

图7-1 东方通信——量能放大的菱形底部

如图7-1所示，东方通信的日K线中，股价菱形底部完成之前，成交量已经调整至比较明确的放量状态。成交量有效地突破了100日的等量线，股价的见底回升显然是指日可待了。量能不同于前期菱形调整过程中的持续缩量，这个时候股价的放量企稳是非常明确的看涨信号。后期股价的快速上行显然是多方资金大力介入的结果。

小提示

出现在股价冲高前的菱形调整走势，说白了是主力洗盘过程造成的结果。大幅度震荡过程中，主力完成了筹码的收集，量能放大就说明了这个问题。而股价在菱形调整的后期就开始缩量回调的走势，这并没有主力的参与。这样看来，后期股价在菱形调整完成之后，股价的顺利冲高就开始了。投资者在这个时候开始追涨的话，便可以获得相应的投资收益了。

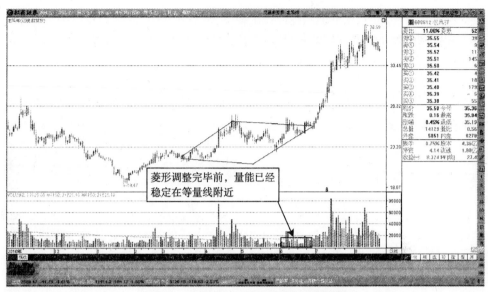

图 7-2 老凤祥——明显放量的菱形右侧

如图 7-2 所示，老凤祥的日 K 线中，股价菱形调整走势即将结束的时刻，成交量缓慢回升至 100 日的等量线附近。该股的持续走强的时机显然是在这个时候开始出现了。后期在持续稳定放量的过程中，股价成功冲高。投资者参与这样的量能调整完成并且稳定放大的个股，获得投资收益将会很轻松。

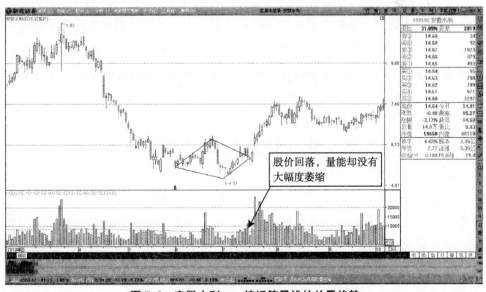

图 7-3 安徽水利——接近等量线的放量趋势

如图 7-3 所示，安徽水利的日 K 线中，股价在菱形调整即将结束的时候出现了短时间的回落走势。股价回落的时候，量能虽然出现了小幅度萎缩，却不足以说明股价二次陷入熊市回落中。成交量只是出现了一天萎缩至等量线以下的现象，后期股价的放量企稳的机会还是有的。

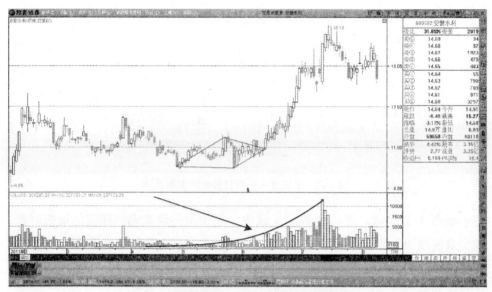

图 7-4　安徽水利——持续放量的菱形底部

如图 7-4 所示，安徽水利在持续放量的过程中，不管该股是否出现了菱形调整走势，投资者都可以追涨买入该股。量能持续放大的过程中，股价的缓慢抬高绝对是有可能出现的。后期股价持续放量冲高的走势就说明了这一点。

第二节　技术指标已经企稳

菱形底部完成之前，对应的技术指标也会经历一段长时间的调整走势。股价的运行趋势是：震荡幅度逐步扩大——股价见顶回落——震荡幅度逐步萎缩——菱形被顺利突破。股价的运行趋势经历了振幅扩大而后收缩的过程，技术指标其实也会经历这样一个过程。

在股价见底回升的过程中，技术指标会在股价持续发散的时候逐渐调整到合适的位置。这个位置一般就是股价看涨的位置（例如 KDJ 指标会调整至 50 线以上）。而之后股价震荡幅度逐步收窄的过程中，技术指标就是一个逐步企稳的过程。菱形底部在后期逐步调整到位之后，逐步收窄的三角形也就宣告完成了。而这个时候，技术指标显然会调整到看涨的部位。投资者这个时候趁机买入股票，还是能够获得相应的投资回报的。

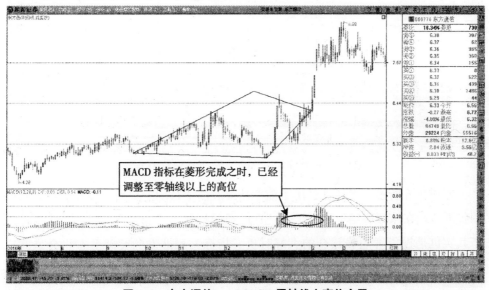

图 7-5　东方通信——MACD 零轴线上高位金叉

如图 7-5 所示，东方通信在菱形底部完成之时，MACD 指标调整至零轴线以上，并且已经与前期指标高位持平了。股价突破的走势显然只要量价具备，瞬间就能够完成了。技术指标 MACD 的企稳如果与价格形态和成交量配合使用，便可以帮助投资者抓住买点了。

小提示

MACD 指标的二次企稳，说明多空双方经过了更多的争夺后，多方最终占据了主动权。股价的顺利冲高走势的出现也只是多方重拾领导权的过程。就像东方通信的走势一样，MACD 指标企稳回升的信号出现之时其实是投资者建仓之时。像 KDJ、RSI 等指标如果出现类似的情况的话，投资者仍然可以按照这种方法建仓，必然能够在股价冲高的时候获得相应的投资回报。

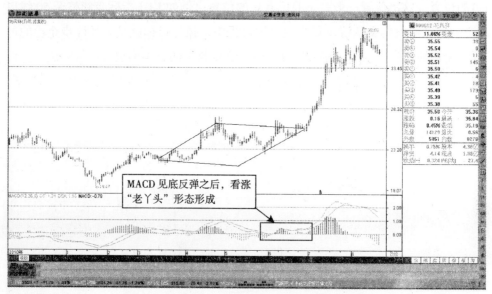

图 7-6　老凤祥——"老丫头"状的 MACD 指标

如图 7-6 所示，老凤祥经历了前期持续震荡上行的走势后，该股出现了菱形调整形态。在该形态结束之时，MACD 已经调整到了"老丫头"状态。该指标形态其实也是投资者短线建仓的大好时机。指标一触即发的突破形态将会是散户

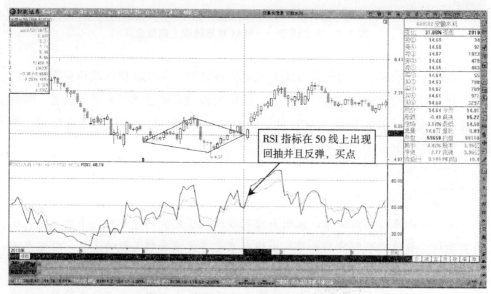

图 7-7　安徽水利——RSI 企稳于 50 线

盈利的起点。

如图 7-7 所示，安徽水利的日 K 线中，该股在菱形调整到位后，相应的 RSI 指标也企稳在了 50 线之上。前期股价震荡走强的过程中，RSI 指标站稳在 50 线以上，早已经不是新闻。配合量能放大的运行趋势，RSI 指标二次企稳在 50 线以上，显然是值得投资者建仓的大好机会。

第三节 突破菱形可追涨

既然前期菱形调整形态已经基本上结束，并且量能配合得当，技术指标已经调整至比较合理的高度。那么，投资者这个时候开始追涨买入股票的话，还是能够有所收获的。而投资者最终追涨的部位，就是在股价大涨的阳线企稳回升与菱形调整形态之后。股价的冲高走势有了前期持续调整的过程，显然是可以延续这种不断拉升的走势的。量能持续放大而技术指标同步看涨的前提下，投资者追涨买入股票的话，很显然是可以轻松获得投资收益的。

从菱形持续调整的股价高度来看，一旦股价顺利突破了菱形调整形态，那么

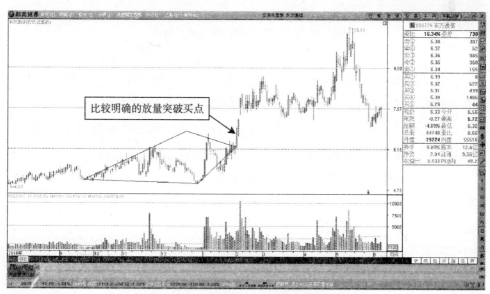

图 7-8　东方通信——放量突破是买点

股价的上涨空间必然会很大。通常来看，股价被拉升至相当于菱形高度的价位，还是非常有可能的。更强势一点的股票，涨幅可以远远超越这一高度。

如图 7-8 所示，东方通信放量冲高回落的阳线出现后，脱离该菱形底部的阳线买点就此出现在投资者面前。短线来看，随着成交量的迅速扩大至等量线之上，股价的冲高行情将会给投资者带来不错的收益。图中显然是高于菱形调整形态高度的上涨幅度，为投资者提供了非常难得的获利机会。

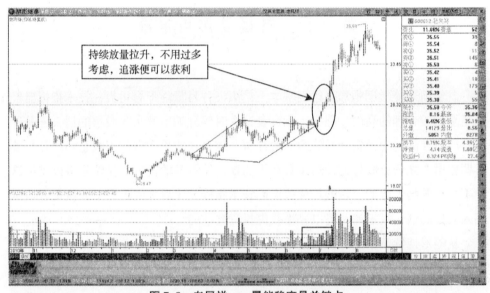

持续放量拉升，不用过多考虑，追涨便可以获利

图 7-9 老凤祥——量能稳定是关键点

如图 7-9 所示，老凤祥的日 K 线中，股价的持续放量拉升的走势，不用说就是追涨的大好时机了。在强势拉升的过程中，只有惧怕追涨风险的投资者才不会获得相应的投资回报。该股连续拉升的过程中，顺势而为将是投资者比较理想的获利方式。即便短线股价小幅调整，连续放量拉升之后也还是有获利的机会的。

如图 7-10 所示，安徽水利跳空上涨的缺口，顺利突破了菱形底部。追涨股票的重要机会就是跳空缺口形成之时。该股短线放量冲高后，投资者只要顺势操作就可以获得相应的投资回报了。

小提示

菱形调整走势完成之后，股价就开始了持续拉升的走势。放量突破菱形底部

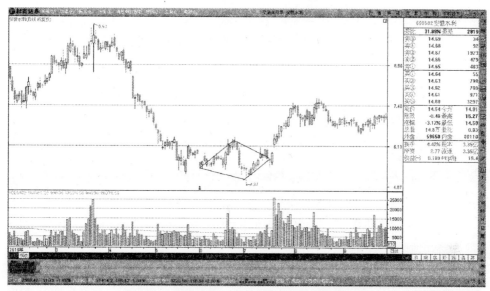

图 7-10　安徽水利——接近等量线的量能是买点

的同时也是投资者加仓买入股票之时。后市股价不断延续的这种强势格局就是投资者追涨获利之时。上例中，安徽水利跳空拉升的阳线出现之时，证明股价的顺利冲高的信号出现了。此时，如果散户肯花大力气建仓，获得收益是必然的了。

本章小结

　　菱形调整走势出现的时候，投资者前期是不容易发现这一形态的。只有菱形调整走势完全形成之后，投资者才能够发现形态的出现。而采取建仓措施的时刻是在股价放量突破该形态之时。不管怎样，菱形底部通常都是主力拉升过程中的洗盘或者是建仓的结果。股价在该形态中出现的涨幅虽然并不是很大，却为今后股价的顺利冲高创造了条件。投资者如果能够顺利把握的话，便可以获得相应的投资回报了。

第八种方法 楔形底部反转
——压力线处企稳建仓

出现在强势放量拉升后的楔形调整形态，短时间内缩量回调的过程就是释放抛售压力的过程。股价并未真的见顶，却因为前期股价累计涨幅过大出现了短时间的调整走势。投资者需要等待股价再次出现强势突破时追涨便可以获得投资收益了。楔形调整出现之后，股价小幅度回落的横盘走势说明放量企稳只是时间的问题。等待真正的突破才是盈利的根本。

第一节 冲高后的强势横盘

前期股价见底回落后，在量能短时间内放大的情况下，股价出现了持续放量拉升的走势。类似报复性的放量拉升行情完成之后，股价的短线回落就不可避免地出现了。弱势股票在反弹之后，回落的幅度也会很大。有的个股，反弹的幅度有多大，回落的幅度就会有多深，这类股票不是我们关注的对象。而那些反弹之后强势调整的个股理应成为投资者花大力气买入的股票。

楔形调整走势出现在股价大幅度拉升之后。短线见顶回落之后，股价开始了横盘调整走势。在调整过程中，股价的波动幅度通常会越来越小。而量能在股价持续调整的过程中也会出现同步萎缩的迹象。当成交量的持续回落与股价的下跌回调不能再继续的时候，股价的放量回升就缓慢形成了。从股价跌幅来看，在楔形调整的过程中股价下跌的幅度一般不会超过前期大阳线的实体，或者不会超过前期两根中阳线的实体长度。调整幅度并不是很大，说明多空双方势均力敌。量能一旦短线企稳，股价的见底回升走势将会很快地出现。

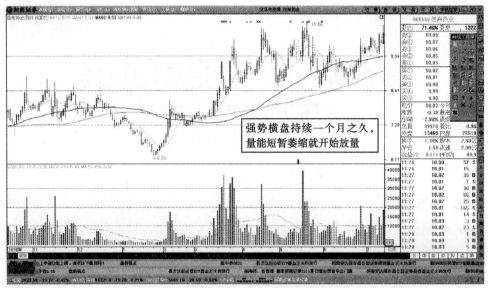

图 8-1　西南药业——见底回升的明显底部

　　如图 8-1 所示，西南药业的日 K 线中，股价在见底之后出现了持续十天的阳线拉升走势。在短时间的快速暴涨后，该股进入到了近乎横向调整的楔形形态中。这样，投资者的重要买点也就在这个楔形调整的形态中了。

小提示

　　楔形调整走势一般情况下是出现在股价持续回升之后。像西南药业这样见底回升于股价底部之后，出现了比较明显的拉升走势，表明股价的反弹趋势还是相当明确的。并且，反弹结束之后股价强势横盘，形成了楔形形态。成交量在股价楔形调整的时候并未回落至前期低点水平，说明多方拉升股价的意愿并未结束。追涨买入股票的话，获利空间还是相当大的。

　　如图 8-2 所示，澄星股份的日 K 线中，该股见底最低价 7.02 元之后开始见底反弹的走势。当该股被拉升至 100 日均线之上后，出现了持续时间为一个月的楔形调整走势。该楔形调整持续的时间虽然不长，但是短线的抛售压力显然因此减轻了。股价的大幅度放量突破该楔形调整形态就是个突破的好兆头。

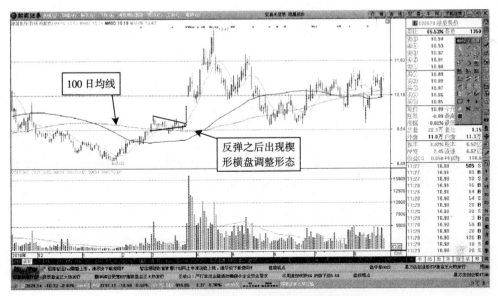

图 8-2　澄星股份——短线横盘的楔形底部

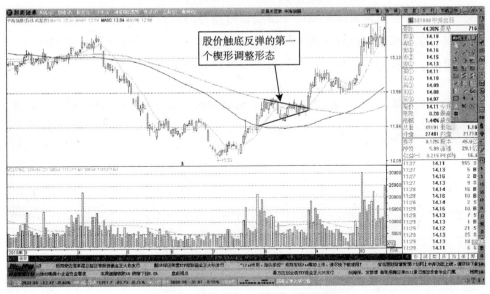

图 8-3　中海油服——持续一周的楔形

　　如图 8-3 所示，中海油服前期见底回升之后，该股持续回升至了 100 日均线附近，并且受到了该均线的压制，出现了楔形调整的走势。持续时间虽然不长，楔形调整走势却给该股带来了较大的冲击。在楔形调整的过程中，股价出现了回落的中阴线，短线虽然跌幅很大，累计下跌幅度却非常有限。股价的企稳回升很快就因为大阳线的突破出现了。

第二节 指标强势股价冲高

　　楔形调整走势出现的时候，股价的基本运行趋势都是在窄幅震荡当中。因为波动空间非常的小，以至于技术指标根本还来不及回调就在股价企稳后直接二次冲高了。如果从技术指标上来分析的话，投资者加仓的准确时机就是在技术指标首次突破前期高位而股价却还未真正大幅度拉升的时刻。在调整的过程中，技术指标维持高位运行，并且率先突破前期高位，为投资者提供了很好的抄底机会。抓住这一机会的话，便可以获得相应的投资回报了。

　　技术指标在楔形调整过程中的回落，其实是配合股价释放短线抛售压力而出现的回落走势。投资者需要做的事情是紧盯指标的调整趋势，并且抓住相应的突破买点，获得相应的投资回报。个股真正出现见底反弹后的楔形调整走势并不会改变股价的运行趋势。技术指标的强势回升将是最佳的买入股票时机。

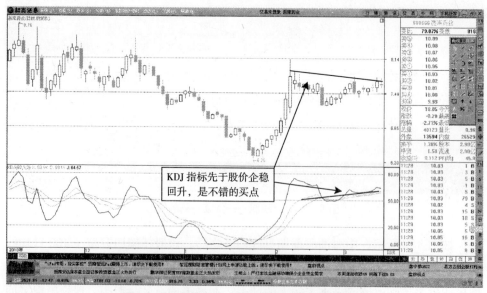

图 8-4 西南药业——KDJ 提前企稳的买入时机

　　如图 8-4 所示，西南药业的日 K 线中，在股价短时间的楔形调整趋势中 KDJ 指标并未出现较大的回落。并且值得一提的是，KDJ 指标突破前期高点的时候，股价还没有出现突破性的拉升走势。如此看来，股价的滞涨表明后期的突破一触即发。只要成交量在短时间内放大至一定程度，该股的持续回升还是很有希望的。

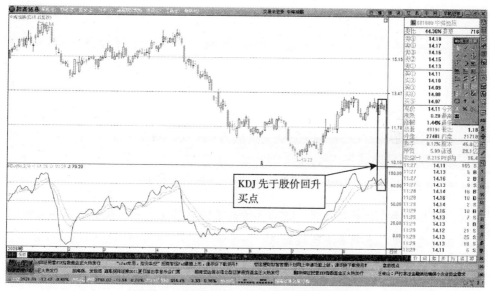

图 8-5　中海油服——KDJ 的震荡回升趋势

　　如图 8-5 所示，中海油服的日 K 线中，同样是楔形调整走势，该股的短线持续调整的状态并未引起 KDJ 指标的同步回落。相反的事情又一次出现，股价在突破前，KDJ 指标已经处于震荡回升的趋势当中了。

　　如图 8-6 所示，中海油服短线放量反弹，突破了楔形调整的形态。KDJ 指标这个时候与股价同步回升，很明显的，投资者随即追涨买入股票的话，短线就获得了相应的投资回报。股价持续拉升的走势还将延续，投资者注意短线股价回调风险的同时可以适时追涨该股。

╭─ 小提示 ─╮

　　股价在楔形调整的时候会出现比较明显的短线回落迹象，而这个时候的技术指标虽然也会同时出现回落走势，却能够先于股价出现企稳回升的走势。投资者如果能够顺利把握技术指标率先突破的买点的话，还是很容易获得相应的投资回

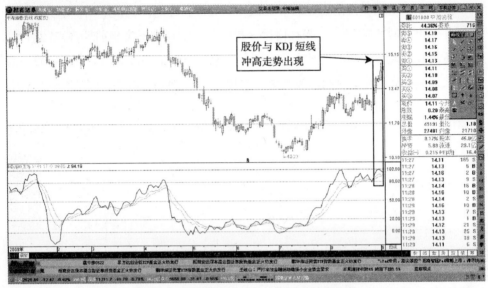

图 8-6 中海油服——KDJ 与股价同步冲高

报的。指标被率先拉升至高位，说明多方的看涨意愿还是相当强的。两者出现的截然相反的走势，表明买点已经到来。

第三节 均线处企稳可加仓

从 K 线图来看，投资者加仓买入股票的最佳时机应该在股价企稳于重要的均线之后。股价见底回升至高位之后，短时间的调整并不会影响股价的持续回升。股价缩量调整的过程中并不会明显跌破均线。均线虽然还未成为真正的支撑线，但是股价一旦调整到位后，持续拉升的走势就会出现。到时候，股价明显地会站稳多条移动平均线。追涨买入股票的大好机会就是股价企稳于均线并且放量拉升之时。

股价企稳回升到均线的过程，通常会经历三个阶段。楔形调整初期，股价仍然处于均线之上，但是量能的持续萎缩促使股价缓慢回落至均线之下，这是第一阶段。在第二阶段中，股价在均线之下缩量震荡，但是却不会再次出现更大的下跌空间。当量能持续企稳之后，股价短线反弹至均线之上就会顺势出现。而第三阶段是股价二次企稳回升于均线的时候。在这个时候，股价并不会在短时间内出现放量突破的走势。持续时间虽然不长，但是股价却必然需要短时间的横向运行才能够真正企稳于均线，并且在成交量放得更大的那一刻出现较大的突破走势。

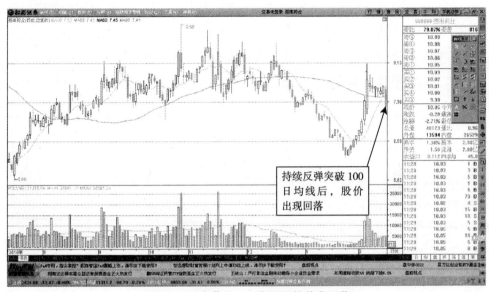

图8-7　西南药业——楔形调整首次回落

如图8-7所示，西南药业股份冲高至100日均线以上后，出现了短时间的回

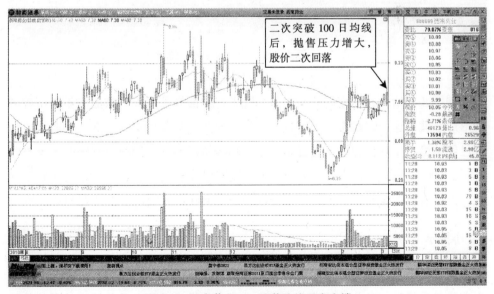

图8-8　西南药业——回落均线寻求支撑

落走势。楔形调整走势就这样很快地出现了。如果投资者认为股价已经开始了回落走势，那就错了。股价的牛市行情还未真正地出现，短时间的调整不足以改变该股的运行趋势。

如图 8-8 所示，西南药业短线虽然出现了大阴线，却没有造成股价的进一步回落。该股在大阴线出现之后持续回升至 10 日均线与 5 日均线后出现了二次回落的走势。空方的短线抛售压力并未改变该股的反弹走势。股价再次站稳在 5 日均线之上，说明股价短线并未看空。

图 8-9　西南药业——小幅回升等待突破

如图 8-9 所示，西南药业在 5 日均线上持续回升了六天。该股的不断调整的楔形形态就在这个时候出现了。投资者的重要买点其实也正在于此了。既然股价都已经站稳了 100 日均线，并且延着 5 日均线持续回升，短线看涨该股是不错的选择。100 日均线的支撑效果不同于其他短期均线。既然股价能够站稳 100 日均线，说明股价持续反弹的走势还是会延续的。追涨买入股票是持续获利的开始。

小提示

楔形调整形态中，股价短线回调并且二次企稳于均线之上的走势在很多情况下都能够见得到。只是，投资者应该注意其中的投资风险。虽然这一过程的持续是股价被拉升的前提，但是风险也同样存在着。把握好股价回落后反弹的节奏，投资者才能够抓住理想的建仓位置，并且获得相应的投资回报。西南药业的回落与二次反弹的走势就很能够说明问题。该股反弹至 100 日这条长期均线以及 5 日这条短期均线的时候，出现的两次回落的买点都是非常有必要的洗盘动作。

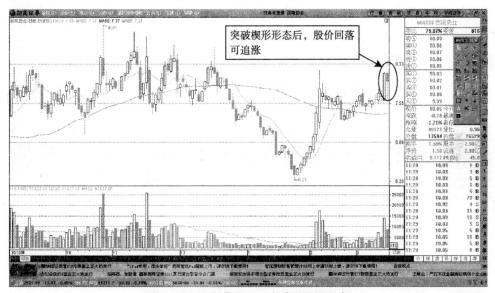

图 8-10　西南药业——突破后回调买点

　　如图 8-10 所示，西南药业股价放量反弹的中阳线出现在了 5 日均线之上。虽然反弹的中阳线之后是一根回落的锤子线，但是这并不改变该股的回升态势。追涨买入的话，还是有利可图的。并且，从楔形调整前股价持续反弹的走势来看，后市该股调整结束后的冲高行情还是非常值得期待的。

　　如图 8-11 所示，西南药业楔形调整的形态成为该股持续回升过程中的短暂一环。自从股价顺利突破楔形调整形态之后，该股震荡回升的走势长达四个多月。并且，100 日均线在楔形调整过程中被顺利突破后，始终成为该股持续回升的重要起点。可见，前期股价企稳于均线之时开始建仓，还是非常不错的时机。

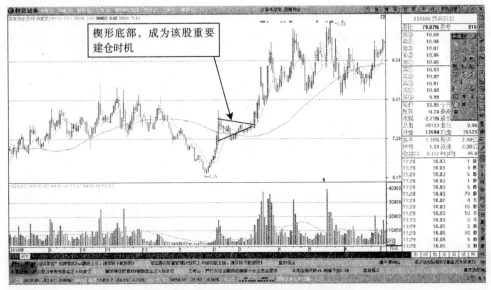

楔形底部，成为该股重要建仓时机

图8-11 西南药业——突破行情快速出现

本章小结

楔形调整的走势出现在股价持续反弹之后，是短线抛售压力不断释放，主力二次建仓的大好时机。虽然股价能够继续反弹，还是不能够确定下来，但是短线的追涨机会已经很快出现了。不管楔形的形态如何，投资者只要能够判断股价企稳于中短线期均线，并且量能放大、技术指标快速回升，都应该认为是重要的买点。通过本章几个简单案例的深入解释，相信多数投资者已经能够抓住楔形调整的建仓机会了。

第九种方法　矩形底部反转
——突破上线加仓

矩形调整走势出现在股价的底部，其实是多空双方势均力敌的结果。在调整的过程中，主力并未对个股今后的表现失去信心。主力在放量操作股票的过程中，其实已经收集了大量的流通筹码。股价的见底回升的走势，有望在放量突破调整趋势后短时间内快速出现。只要注意量能的变化，投资者追涨在股价放量突破矩形之时，还是有获得相应的投资回报的可能性的。

第一节　最为明显的放量“大水池”底部

股价见底之后，在维持横盘调整走势的过程中会形成非常明显的矩形底部形态。此时，通常是投资者加仓买入股票的最佳时期。从投资风险上看，横盘持续调整的时间越长，对应的成交量放大越是充分，股价今后上涨的力度也会更大。一旦矩形底部调整到位，股价的见底回升的走势将会出现非常大的涨幅。

从矩形调整完成之后，股价持续拉升后的形态来看，通常会形成前期回落而后期拉升上涨的“大水池”底部。这种不断调整的“大水池”底部将是投资者追涨获利的大好时机。如何才能提前判断股价即将形成的“大水池”底部呢？首先要从股价的底部的持续横盘整理过程中发现那些量能持续放大的横盘个股。

虽然股价长时间的上涨幅度非常小，但是主力已经在这个时候开始逐步加仓买入股票了。主力为自己制造的“大水池”底部形态在量能放大的过程中其实已经开始洗盘兼具收集筹码的动作了。当股价调整到位并且主力已经基本上完成了大量筹码的建仓，在指数配合的情况下，股价持续飞涨的行情就自然会出现了。

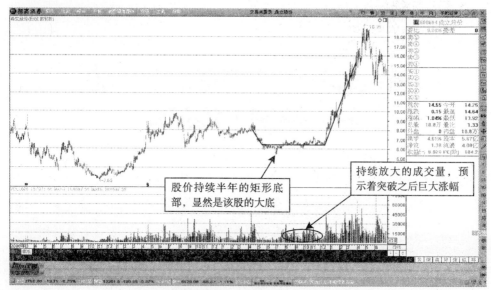

图9-1 鼎立股份——显著的"大水池"底部

如图9-1所示，鼎立股份的日K线中，该股持续六个月的矩形底部已经成为股价持续飞涨的大底了。自从该底部出现之后，鼎立股份持续上涨了高达170%。从后期股价反转之后的形态看，该股形成了比较显著的"大水池"底部。这种看似"大水池"的底部形态对今后股价的持续飞涨是很有帮助的。很明显

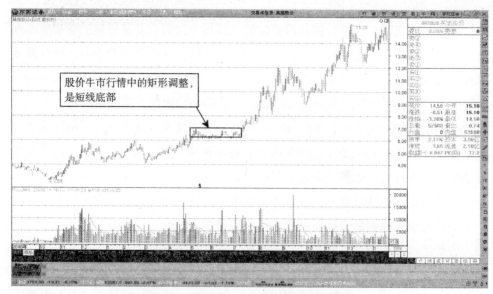

图9-2 黑猫股份——短线矩形横盘调整

的，投资者如果能够顺利掌握股价的长期走势，还是能够获得投资收益的。图中矩形调整的底部中，成交量不断地维持在高位运行，也是投资者追涨的大前提。

如图 9-2 所示，黑猫股份持续飞涨过程中，在股价短时间的横盘调整走势中出现了比较明显的矩形形态。与前期鼎立股份的"大水池"底部相比较，该股虽然不是"大水池"的底部，却也是比较显著的强势调整的矩形底部了。这样看来，股价的持续上涨还是有保证的。

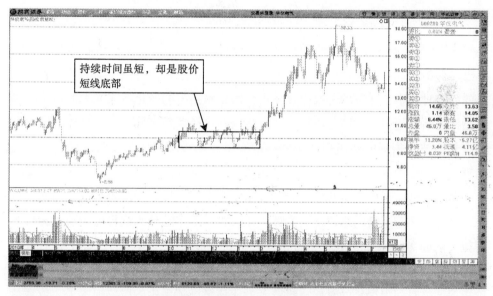

图 9-3　华仪电气——短线横盘底部

如图 9-3 所示，华仪电气的日 K 线中，股价从前期底部企稳回升之后出现了短时间的横盘调整走势。矩形短线底部成为投资者追涨买入股票的重要时机。后市看来，该矩形底部波动空间还是比较大的，主力在此期间达到了充分洗盘和建仓的目的。后市股价顺利震荡冲高，投资者获得的收益还是相当丰厚的。图中量能持续放大的过程中，量能有规律地维持在高位运行，表明主力参与程度较高，后期冲高在意料当中。

小提示

股价出现矩形底部时，有的时候正是股价的真正底部。当然，股价在被持续拉升的时候也同样是会出现矩形调整的走势的。底部出现矩形调整的时候，一般都会形成矩形的底部形态。而股价拉升时形成的矩形横盘调整形态只是短线的矩形底部。两种矩形调整形态被突破的时候，都是投资者追涨的机会。在量能维持有规律高位运行的前提下，还是有利可图的。

第二节 指标调整异常充分

矩形调整的底部，不仅股价长时间处于横盘运行状态，对应的技术指标其实早已经调整充分了。可想而知，股价在横盘运行的时候，价格波动的范围是比较小的。长时间小幅度波动的股价显然不会对技术指标的变化造成太大的影响。技术指标不断地趋向于迟钝的过程，就说明指标已经调整充分了。一旦出现突破性的走势，技术指标就会出现非常明显的突破点。投资者的买卖时机也会相应地出现。

股价延续矩形调整走势的时候，技术指标不管前期是回落趋势还是回升的迹象，都会最终趋于横向运行。而指标中比较重要的多空分割线将成为技术指标今后拉升的起点。例如 MACD 指标的零轴线，在股价持续调整的过程中将对股价的持续拉升起到非常大的支撑作用。一旦技术指标调整接近完成的时候，并且股价矩形调整时间也很长的时候，投资者就应该考虑将手中的股票抓紧了，或者持续建仓。指标调整到位的结果就是股价的持续回升，建仓买入股票的话是不会吃亏的。

如图 9-4 所示，鼎立股份处于底部横盘调整的趋势中，此时 MACD 指标在零轴线之上小幅度震荡，并且出现了两次的短线底部。而从持续时间上看，该股持续调整的时间也长达了六个月之久。长达半年的矩形底部显然在个股当中是不多见的。如果能够把握这种股价调整充分的机会，投资者便可以获得相应的投资机会了。

如图 9-5 所示，鼎立股份 MACD 指标调整充分之后，股价出现了比较大的上涨幅度。回头看 MACD 指标的走势，显然已经与股价的"大水池"底部非常的相似了。两者同时出现了这种见底回升的"大水池"底部，证明股价买入时机相当的成熟。前期指标与股价同步调整到位之后，买入股票是长期的获利机会。

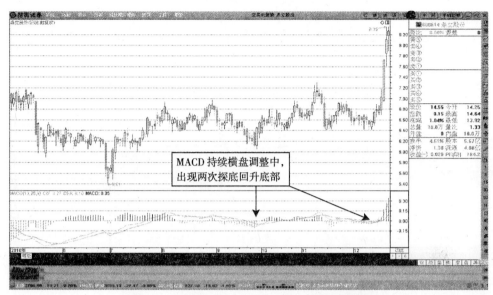

图 9-4 鼎立股份——MACD 两次企稳于零轴线

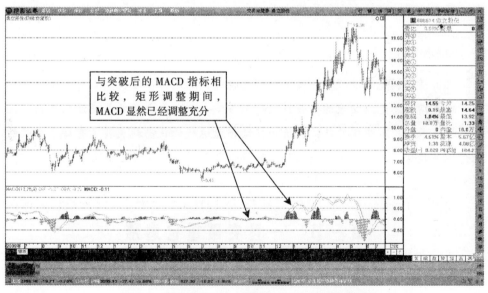

图 9-5 鼎立股份——长期看 MACD 的横盘状态

　　如图 9-6 所示，华仪电气的日 K 线图中，股价短时间内已经进入到了波动幅度达到 10% 的运行区间。在这一波动空间中，矩形调整走势已经出现了。而技术指标 MACD 在这个时候持续回落至零轴线附近，并且出现了三个月的横盘调整。相对于今后股价见底反弹后的走势，MACD 指标完成了明显的矩形底部形

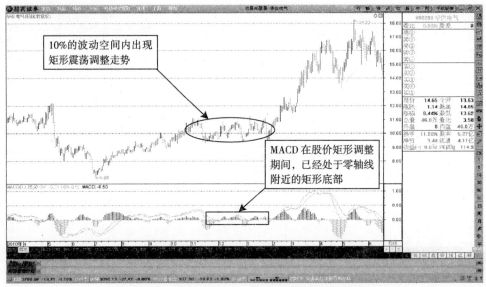

图9-6 华仪电气——MACD零轴线持续企稳

态。后市该股冲高的走向很快就出现了。

小提示

　　股价横盘调整的过程中，技术指标的持续横向运行在股价突破前是难以发现的。但是指标总无方向地运行并且运行在多空分割线之上显然是关注的重点。此时如果技术指标不明确的话，股价的持续横盘运行的状态就表现了有待于突破的矩形调整趋势。以上所说的鼎立股份和华仪电气的走势就说明了这个问题。

第三节　一旦突破重仓追涨

　　矩形调整形态的出现，虽然多方在很长时间内并没有太大的操盘动作，但是股价的持续调整的走势已经基本上完成了。股价出现放量冲高的走势也只是时间的问题。一旦股价真的开始大涨，并且顺利突破矩形底部，投资者的追涨时机也就开始了。调整到位的股价应该是投资者很好的标的股票。

　　投资者选择重仓追涨的目标股票，股价首先应该具备矩形调整的形态，技术指标也应该调整到位才行。持续长时间的矩形调整完成后，股价的冲高行情自然会形成了。重仓追涨的股票除了具备矩形底部的条件以外，股价还应该在突破之时出现比较明显的放量突破走势。从 K 线上来看，应该出现大阳线的形态。大阳线突破前期的诸多的小 K 线，表明股价的突破力度还是非常强的。或者说，K 线上表现出比较明确的看涨信号后，投资者此时抓住买入时机的话，必然能够获得相应的投资回报的。不管怎么说，调整到位的矩形底部在被顺利突破之前都应该有比较明显的突破信号。如果投资者并没有发现这样的突破点，就应该谨慎追涨了。

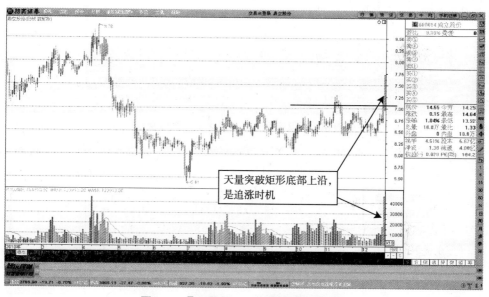

图 9-7　鼎立股份——天量突破矩形底部

如图 9-7 所示，鼎立股份的日 K 线，股价调整完成矩形底部后，天量成交量导致股价突破了矩形前期底部。而此时就是投资者买入股票的最佳时机了。矩形底部在调整过程中形成的巨大短线筹码突然因为放量大阳线冲高获利后，还是有持续拉升的惯性的。主力资金拉升股价，导致了股价出现暴涨的突破性行情。此时显然是追涨的好时机。

如图 9-8 所示，华仪电气持续三个月的矩形调整出现之后，股价顺利突破了矩形的上限。该股突破矩形之后，并没有出现持续回升的走势，而是在高位短时间内横盘调整，此时显然为投资者创造了不错的建仓机会。在调整的过程中，股价几乎处于横盘状态。后市股价继续放量冲高将指日可待。

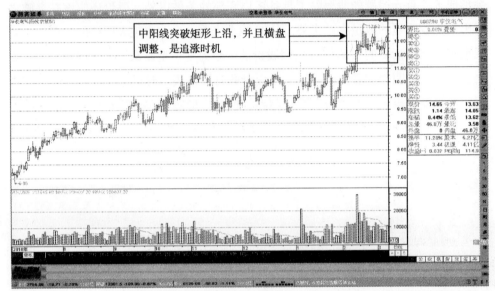

图9-8　华仪电气——矩形之上大阳线企稳

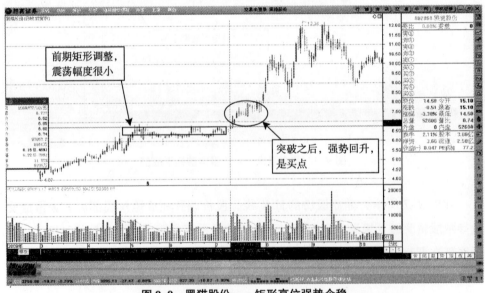

图9-9　黑猫股份——矩形高位强势企稳

如图9-9所示，黑猫股份持续被拉升至高位的过程中，股价突破了短线矩形调整形态后出现了短时间的强势回升走势。虽然上涨的幅度不是很大，但是高位处强势震荡拉升显然是主力有备而来的操盘所致。突破矩形之后，股价还是会有更强劲的上涨趋势。追涨买入股票还是有利可图的。

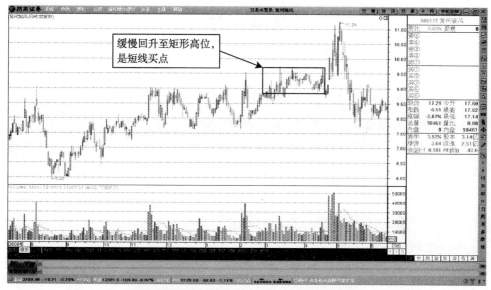

图 9-10　黄河旋风——矩形之上的建仓机会

　　如图 9-10 所示，黄河旋风突破了前期矩形之后出现了高位震荡的走势。很明显的，股价顺利突破了前期矩形上方，这个高位小幅度震荡的运行态势是冲高的前奏。混乱无章的调整走势中，股价的持续回升表明追涨机会已经到来。重要的是，投资者应该首先明确该股价的确出现了图中类似矩形的调整走势，并且在图中出现了震荡企稳的迹象，这才是追涨的机会。

小提示

　　矩形调整走势持续的时间比较长，而突破之后，股价却不会在短时间内暴涨。如果股价高位调整，投资者一定要追涨买入股票，这样才能够获得相应的投资回报。上边例子所说的鼎立股份、华仪电气、黑猫股份和黄河旋风顺利地突破了前期的矩形调整形态后，在短时间内显然是没有出现太大的涨幅。投资者追涨的机会还是有的，获丰厚利润也是可能的。

本章小结

　　矩形底部形态中，主力资金暗中操作股票，却不容易被投资者轻易地发现。量能在持续放大的过程中，主力不知不觉地收集了可观的筹码，并且促使股价调整得非常充分了。矩形调整的个股出现冲高的走势也只是时机的问题。投资者多多关注这样的股票，并且适时地抓住买入时机，应该可以获得相当可观的收益的。

第十种方法 旗形底部反转
——二次放量应加仓

旗形底部形成的过程中，前期股价运行趋势一般是向上的。股价短时间调整的走势出现后，形成了旗形底部形态。多方在旗形调整形态持续的过程中，对应的实力不断加强。股价的见底反弹的走势在短时间内就出现了。短线旗形底部就成为投资者买入股票的最佳时机了。后市股价持续拉升的过程中，将会有不错的收益兑现。本章重点向投资者介绍旗形底部形成的过程，以及对应的量能和指标的变化和投资者的最佳买点问题。

第一节 温和放量脱离旗形

股价出现旗形调整走势的时候，会在短时间内缩量回调。从持续调整的形态上来看是旗形的形态。股价在上有压力下有支撑的前提下，运行在持续回落的压力和支撑平行线当中，这就是所谓的旗形调整形态。该调整形态持续过程中量能会持续地萎缩，并且股价的下跌走势也会不断地加强。

一旦空方的抛售压力在股价持续回落的时候逐步减弱，多方再次发起反攻后，量增价涨的走势不断地出现，股价将会迎来新的一波较大的反弹走势。这种反弹走势出现的根本动力将会取决于成交量的放大情况。前期股价进入旗形调整的时候，量能可能根本不会太大，而一旦成交量出现了稳定放大的局面，那么股价的持续飞涨将成为可能。

股价真正脱离旗形调整形态的时候，其量能并不是突然间放大的，股价也同样不是短时间内放大至旗形调整形态之上的。在股价顺利突破旗形的上限并且强势横盘在旗形之上的时候，成交量会缓慢地放大到接近前期的水平。股价的反转走势就是在这种情况下出现的。

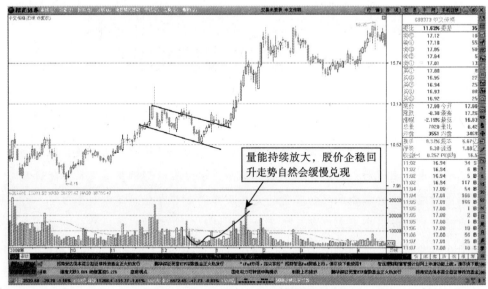

量能持续放大，股价企稳回升走势自然会缓慢兑现

图10-1 中文传媒——温和暴量自然突破

如图10-1所示，中文传媒的日K线中，股价在短时间的旗形调整过程中出现了量能持续放大的走势，对应的股价也开始逐步企稳到了旗形之上。这样看

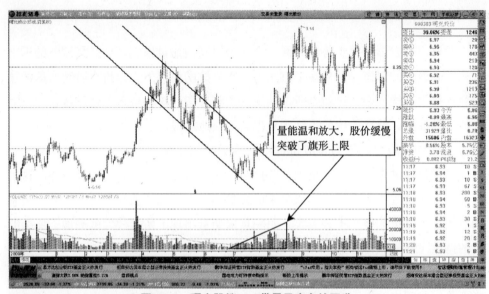

量能温和放大，股价缓慢突破了旗形上限

图10-2 曙光股份——带量见底自然回升

来，成交量显然成为股价突破的最终决定力量。前期见顶回落的量能在旗形调整形态被突破的时候显然是放量看涨的开始。

如图 10-2 所示，曙光股份短线回升的量能促使股价在短时间内出现了比较大的上涨幅度。与其他各个回升有些类似之处，该股回升的过程中，量能显然是出现了稳定的放大。股价在旗形下限的底部获得支撑后，持续震荡上行并且顺利突破了旗形形态。

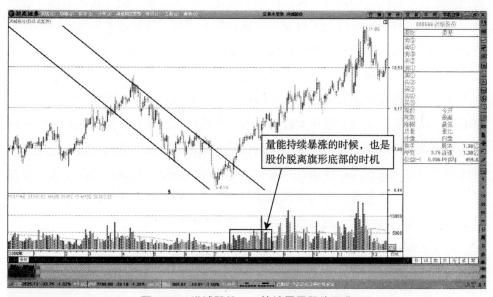

量能持续暴涨的时候，也是股价脱离旗形底部的时机

图 10-3　洪城股份——持续暴量股价回升

如图 10-3 所示，洪城股份短时间内量能持续暴涨，此时正是股价突破旗形上限的时刻。追涨该股的机会也就在这个时候出现了。量能在很短的时间里集中放大，表明股价的企稳力度还是非常强的。如果投资者能够继续持股，可以获得相应的投资收益。

小提示

不管股价是温和放量，还是集中在某一时刻不断放量，都是多方强势拉升的结果。股价的持续飙升走势会因为量能的不断放大而长时间延续下去。投资者如果认清了股价突破后强势反弹的大趋势，准时追涨买入股票便可以获得相应的投资回报了。

第二节 技术指标先行一步

旗形调整走势结束之前，技术指标通常会先于股价发出买入股票的信号。股价虽然还在下跌趋势中运行，并且出现了加速回落的迹象，但是技术指标在股价持续回落的过程中已经达到了短时间回落的最大幅度，既然技术指标已经不能再持续回落了，股价的企稳回升也就成为可能。技术指标的回落趋势趋缓，甚至跟随股价短线反弹出现比较大的向上拉升趋势，显然是投资者加强关注的时刻。

旗形调整过程中，股价持续见顶回落的走势其实只是牛市行情中短时间的调整而已。从中长期来看，股价大趋势还未发生最根本的变化。股价短时间的旗形回落走势延续的时候，技术指标的调整绝不会是长期性的。既然旗形调整过程中股价并不会出现比较大的回落，对应的技术指标也不会真的就这样跌下去。在技术指标中，多空均衡线所在的位置必然会对技术指标形成支撑作用。指标见底回升于多空平衡线的时刻，就是投资者买入股票的时机。

例如，KDJ指标从50线处开始企稳回升的时候，股价的短时间持续震荡回

图10-4 中文传媒——MACD强势横盘

落的走势必然会受到一定的冲击。如果后期股价站稳在旗形上方，并且量价配合回升的话，将是买入时机。

再如，MACD 指标从零轴线附近企稳回升并且强势横盘于零轴线之上的时候，也同样是看涨的重要信号。MACD 一旦形成金叉看涨信号，将是股价拉升的重要起点。买入股票便可以获得投资收益了。

如图 10-4 所示，中文传媒的日 K 线中，该股短时间的旗形回落走势的后期出现了横盘于旗形上限的走势，而对应的 MACD 指标也出现了图中所示的横盘运行的态势。这样看来，股价的见底回升的机会显然在这个时候开始出现了。横盘运行在零轴线以上，本身就说明该股已经处于多方占据主动的市场当中了。后市股价突破只需量能稍微放大，就会出现这样的行情了。

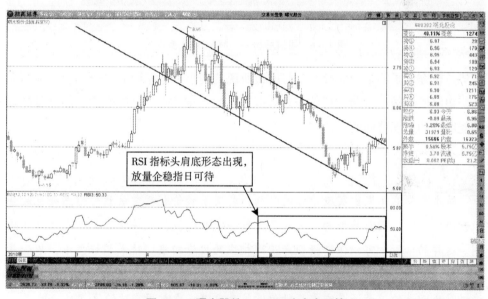

图 10-5 曙光股份——RSI 头肩底反转

如图 10-5 所示，曙光股份的日 K 线中，股价在旗形回落的趋势中下跌的幅度还是非常大的。尽管如此，该股企稳回升的机会也还是有的。图中股价持续调整至旗形的上限后，RSI 指标已经形成了 50 线以下的头肩底形态。该股的突破行情如果有量能的持续放大作为支撑，那么短时间内就将出现了。

如图 10-6 所示，洪城股份持续回落的时候，对应的 MACD 指标显然已经回落至比较深的位置，并且，该指标见底回升的两个底部不仅形成了与股价的背离

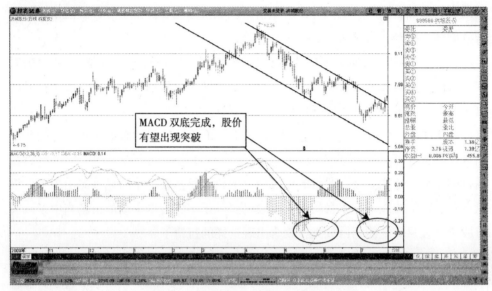

图 10-6　洪城股份——MACD 双底形态

走势，也完成了两个双底形态。与前边所说的两个例子相同，股价即将突破的形态，表明股价的运行趋势还是非常值得期待的。有效配合量能变化的话，投资者是能够成功追涨获利的。

小提示

技术指标真正发出买股信号的时刻，其实是股价顺利突破旗形形态并且放量拉升股价之时。判断旗形是否进入了最后的调整阶段，应该从成交量上来具体研判。这样的话，才可以保证投资者获得相应的投资回报。技术指标当中，不管是MACD还是RSI和KDJ，都会在股价突破之前出现相应的见底回升信号。不过，这种见底回升的信号还是需要股价放量拉升来进一步表明突破的真实性。

第三节　缩量回调快速追涨

旗形调整形态短时间完成之后，投资者追涨买入股票的时机就是在股价止跌企稳之后。而反弹的走势并不是一帆风顺的，当完成突破的股价在短时间内缩量回调之后，将是投资者买入股票的重要机会。前期获得短线收益的获利盘抛售行为通常是造成股价短时间缩量调整的原因。而一旦调整完毕，股价二次进入反弹走势的时候，短线追涨的投资者便获得了相应的投资回报。

股价突破旗形调整形态后，是投资者买进股票的重要时机。量能虽然出现短时间的萎缩迹象，但是却没有萎缩至低于前期低点的水平。通常，成交量萎缩至等量线附近后，股价就会企稳回升了。计算周期通常在 30 日的等量线，如果成交量没有萎缩至该等量线以下，股价的重新拉升还是很有希望的。

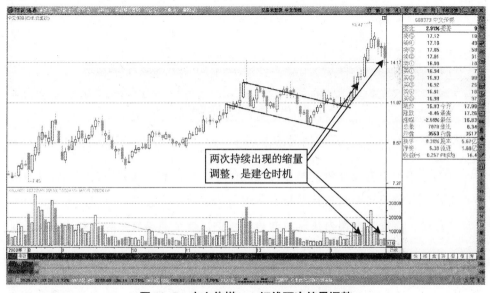

两次持续出现的缩量调整，是建仓时机

图 10-7 中文传媒——短线两次缩量调整

如图 10-7 所示，中文传媒在顺利突破了旗形调整趋势后，持续不断地延续了反转走势。而图中两次出现的缩量调整就是该股维持强势行情所必需的短线回落走势。调整完毕之后，放量拉升的走势还是会出现。短线追涨买入股票，就是获利机会。

如图 10-8 所示，中文传媒短线两个大阳线的出现使得股价再创新高。成交量在前期萎缩的时候，其实并未改变股价的短线趋势。只有成交量萎缩到一定程度，股价的冲高行情才开始走向衰败。减仓的时刻就在成交量回落至等量线并且不能再次放大的时候。

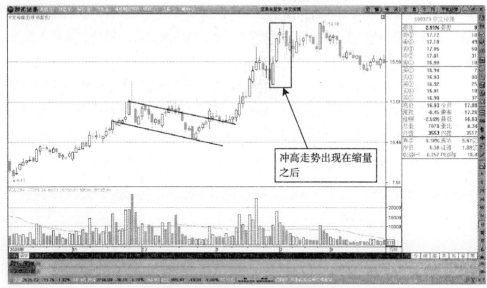

图 10-8　中文传媒——追涨便能获利

小提示

　　任何牛市都是有顶部的，而任何的反弹行情都会有结束的一天。旗形底部被突破之后，股价同样会经历放量拉升与缩量见顶的走势。中文传媒的走势就说明了这个问题。该股短时间内快速拉升的过程中，缩量调整的走势不断地出现。虽

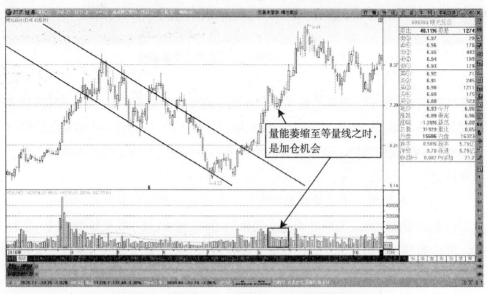

图 10-9　曙光股份——缩量至 30 日等量线的买点

然投资者短线还是可以追涨的，但是一旦量能萎缩程度超出预期的话，股价的回落将不可避免地出现。投资者减仓持股还是非常必要的。

如图 10-9 所示，曙光股份短时间的调整过程中，量能萎缩至等量线后就不再萎缩。反弹如果延续的话，该股再次放量回升还是会出现。投资者短时间追涨买入该股的话，应该是有收益出现的。从事实上来看，股价短线回升的走势真的不断出现。前期放量脱离旗形调整走势的反弹行情在缩量调整后继续出现。

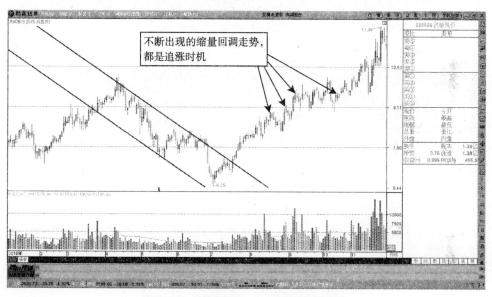

不断出现的缩量回调走势，都是追涨时机

图 10-10　曙光股份——间断缩量的买点

如图 10-10 所示，曙光股份自从持续放量突破了旗形上限之后，股价就出现了震荡上涨的走势。因为该股持续上涨的力度并不稳定，缩量调整的走势不断地出现。缩量调整的股价恰好为投资者买入股票提供了不错的时机。

本章小结

旗形调整走势出现在个股牛市行情中，回落的趋势会沿着旗形上下线不断地延续。股价持续回落的走势，其实是股价前期大涨之后获利盘不断出货的结果。调整时间较长且调整幅度较大的旗形底部完成的过程中，时刻关注量能变化，寻找股价放量突破的点位，对投资者来讲还是相当有必要的。若结合技术指标与成交量，投资者买在股价上攻突破的时刻，将会为投资者带来丰厚的收益。

第十一种方法 喇叭形底部反转
——短线看多突破加仓

喇叭口形态出现的时候，说明市场正处于一种心态复杂的状态中。多空双方都想在某一时刻开始占据市场的主动权，但是事实却让双方不得不承认股价的运行趋势有待于确认。喇叭口成为投资者调整投资策略，并且获得相应的投资回报的重要转折点。本章重点向投资者介绍喇叭口形态的特征和技术指标在此期间的变化，以及对应的重要建仓时机问题。

第一节 大幅度震荡高位企稳

股价出现喇叭口形态的时候，震荡的幅度是非常巨大的。初始阶段，股价波动并不是很大。随着成交量的急剧放大，股价出现了比较大的震荡。股价下跌的时候，空方好像是掌握了市场的主动权。而股价短线见底反弹的时候，同样会出现比较迅速的拉升行情。短时间内看来，多方的实力又好像比较强大，并且占据了市场的主动。但是最终股价的运行趋势并未发生根本的改变。股价只不过在重复着上下波动的动作。

如果喇叭口形态最终发展为投资者的建仓机会，那么股价必然应该企稳回升于喇叭口形态的上方。放量冲高的牛市行情就在股价企稳后持续拉升的过程中出现。如果喇叭口形态持续的过程只是短线投资者参与的乐土，那么股价一旦企稳于喇叭口之上并且实现了突破，此时将是中长期投资者追涨并且获得投资收益的时刻。从买点上来看，喇叭口形态完成前，投资者都是可以持续高抛低吸的，该调整形态真正被突破之后，相应的买卖机会也就出现了。

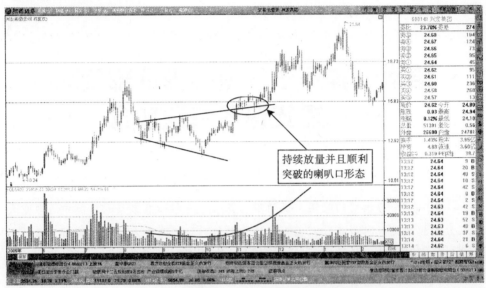

图 11-1　兴发集团——短线垫底的喇叭口形态

如图 11-1 所示，兴发集团的日 K 线中，股价短时间内回落之后，在震荡中形成了喇叭口形态。随着成交量的不断放大，该喇叭口形态出现了突破走势。图中标注的位置就是股价突破之时。喇叭口的上下两个明显的运行趋势线是该形态的趋势线。图中股价在突破之后维持在趋势线之上，并且持续回升，显然是高位

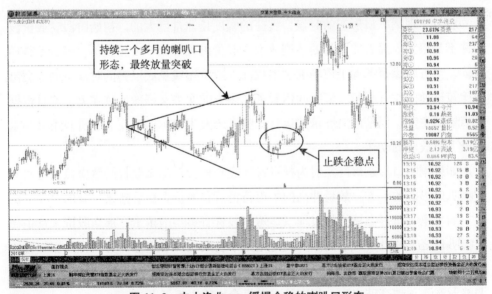

图 11-2　中水渔业——缓慢企稳的喇叭口形态

企稳的买点。

如图 11-2 所示，中水渔业持续放大的喇叭口形态中，股价在震荡过程中终于在图中所示的位置出现了止跌企稳的迹象。该股短线并未跌至喇叭口的下降趋势线，而是在两条趋势线之间企稳回升，表明主力有意主动拉升该股至高位。投资者追涨的话，必然能够获利。

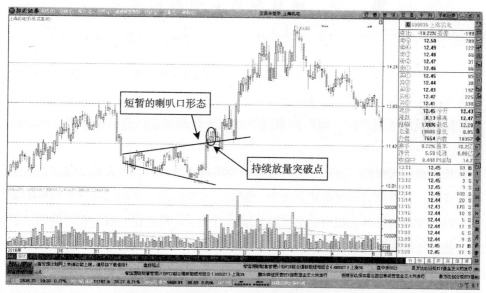

图 11-3　上海机电——集中放量的喇叭口底部

如图 11-3 所示，上海机电随着成交量的连续放大，上海机电放量突破了喇叭口形态的上趋势线。追涨该股的机会其实就在这个时刻出现了。股价自从顺利突破该喇叭口的上限后，震荡回暖的趋势在短时间内出现。从后期该股的运行趋势看，再没有比股价突破上升趋势线后更好的追涨机会了。短线买入股票便可以获得相应的投资回报了。

⊂ **小提示** ⊃

喇叭口形态中，股价企稳回升的位置其实是很不固定的。不管股价企稳回升于喇叭口形态的上下趋势线，还是企稳回升于趋势线之间，只要出现了放量企稳的迹象，投资者都可以追涨。而利用喇叭口形态做短线的投资者，如果能够抓住股价从喇叭口下限企稳的时机，当然是更好的获利机会了。以上所说的兴发集团、中水渔业和上海机电三个例子中，最终判断喇叭口形态被突破的时点是在股价企稳在喇叭口上限之时。向上的趋势线是股价拉升的重要压力线，顺利突破当然可以顺势追涨了。

第二节　指标冲高表明股价强势

　　股价持续调整的喇叭口形态完成之后，上涨的趋势也就形成了。虽然股价短时间的涨幅并不是很大，但是建仓的信号是十分明显的，技术指标在股价企稳过程中同样展示了看多的一面。如果能够顺利把握此建仓机会，还是很有机会获利的。

　　技术指标在喇叭口形态持续的过程中会跟随股价无方向地大幅度震荡。从指标上来看，看似没有任何的建仓机会，但是，如果投资者仔细观察一下指标的变化，就会发现指标其实很可能早已经与股价背离了，或者说，股价在震荡的过程中，技术指标很可能出现了缓慢的上移。即便股价短线跌幅特别的大，并且超越了前期的底部，也没能促使指标同样达到相应的低点。而一旦股价企稳于喇叭口

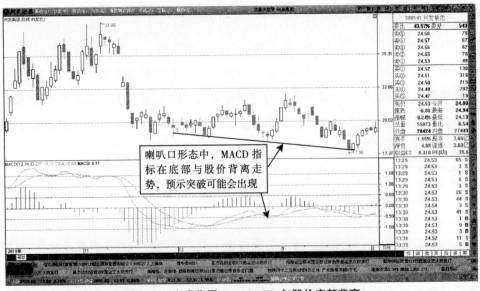

图 11-4　兴发集团——MACD 与股价底部背离

形态之上，技术指标会同步大幅度回升，为投资者提供不错的建仓信号。考虑到在持续调整之后的技术指标出现假突破的情况是非常少的，这样，指标企稳回升之后，应该就是投资者不错的建仓机会了。

如图 11-4 所示，兴发集团在不断回落的过程中，MACD 指标在图中与股价出现了背离走势。股价的震荡回落却没有表现在股价上的同步回落，这表明该股的企稳回升还是非常值得期待的。背离之后，该股有望迎来一轮反弹走势，并且是迅速脱离该喇叭口形态的走势。

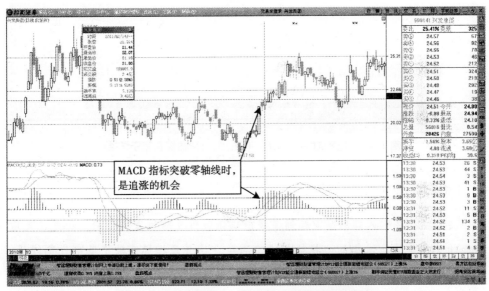

图 11-5　兴发集团——MACD 突破零轴线的买点

如图 11-5 所示，兴发集团的日 K 线中，该股在短时间内出现的持续回升走势促使 MACD 顺利突破了零轴线。图中标注的位置是 MACD 指标顺利突破的时刻，当然也是后期该股看涨的重要信号。从指标上看，前期 MACD 的提前背离走势就已经表明了之后出现的 MACD 突破零轴线的走势。短线抄底的投资者的收益也因为 MACD 的顺利突破而逐步放大。

如图 11-6 所示，上海机电的日 K 线中，该股短时间的暴涨走势已经促使 KDJ（60，3，3）指标出现了持续回升的走势，并且顺利站在了 50 线以上。50 线作为 KDJ（60，3，3）指标反映多空实力的标准线，一旦 KDJ（60，3，3）指标稳定在该线之上，表明投资者短线的抄底机会就此出现。追涨的话，后市收益还是会有的。

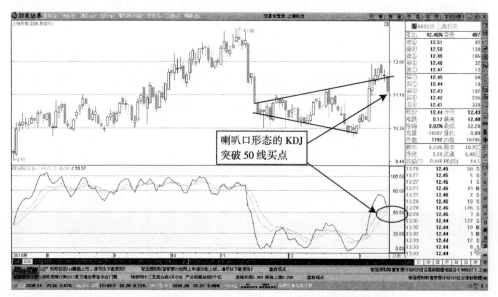

图 11-6　上海机电——KDJ（60，3，3）指标企稳于零轴线

小提示

　　技术指标在喇叭口形态中起到了提前预示股价反转位置的作用。但是，光看指标的变化是缺乏依据的。指标与股价同步企稳并且指标突破了多空分割线后，才是追涨的好时机。上例子中，上海机电突破喇叭口的上升趋势线后，出现回落之时，KDJ 指标已经站在了 50 线以上，此时是比较明确的建仓时机。

　　如图 11-7 所示，上海机电 KDJ 指标自从顺利突破了 50 线后，股价与指标同步拉升的走势就明显地出现了。如果说前期 KDJ 指标处于 50 线以下的阶段还只是多空双方争夺之时以及指标的企稳过程的话，那么，KDJ 指标企稳在 50 线之上后，显然是投资者追涨并且持续获利的开始了。股价的波动幅度虽然逐步扩大，但是在 KDJ 指标企稳的前提下，该股还是能够持续创新高的。

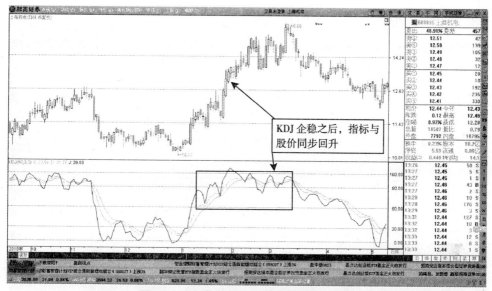

图 11-7 上海机电——指标配合股价冲高

第三节 追涨在股价高位企稳之时

喇叭形调整走势持续的过程中，股价的运行趋势基本上会维持在无序波动的状态中。并且，只要股价还未出现突破性走势，短线喇叭口状的大幅度震荡格局就不会出现根本的变化。投资者调仓的过程中，应该注意股价企稳的重要信号，这样才能够抓住真正的建仓时机。

股价企稳于喇叭口形态之上时，前期股价早已经经历了从喇叭口底部到喇叭口上方的反弹走势。之所以能够顺利突破高位，是多方奋力放量拉升股价的结果。大阳线的拉升走势出现在喇叭口形态的底部，对股价短线冲高造成的冲击是难以想象的。股价在大阳线出现之后，惯性冲高至喇叭口形态之上，并且逐步放量企稳，是投资者最终的建仓机会。

喇叭口形态被突破的过程中，技术指标的企稳与股价的放量回升，都能够成为投资者买进股票的依据。如果喇叭口形态支撑有效，并且量能持续放大，那么牛市行情必然在喇叭口形态完成之后开始。投资者在喇叭口形态被突破后持股，也会获得相应回报。

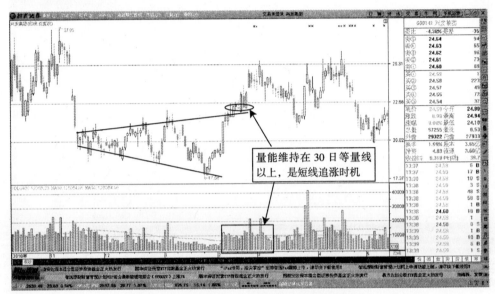

图 11-8　兴发集团——等量线处持续放量买点

　　如图 11-8 所示，兴发集团的突破时机正是成交量持续回升至 30 日等量线以后。股价在前期之所以延续喇叭口形态的大幅度震荡格局，重要一点是成交量还没有真正出现有效放大的迹象。而图中量能持续回升至等量线以上，表明多方实

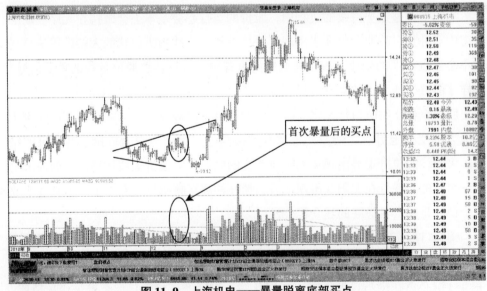

图 11-9　上海机电——暴量脱离底部买点

力已经快速反映了出来。股价的放量企稳必然会在量能配合的情况下维持下去。

如图 11-9 所示，上海机电短线暴量之后，股价出现了持续的冲高走势。也正是因为这一次的量能突然放大的迹象，后期该股温和放量拉升的走势也缓慢地出现了。该股暴量拉升的时刻成为突破该喇叭口形态的重要买点。如果投资者短线追涨建仓的话，利润应该在短时间内很快地出现了。

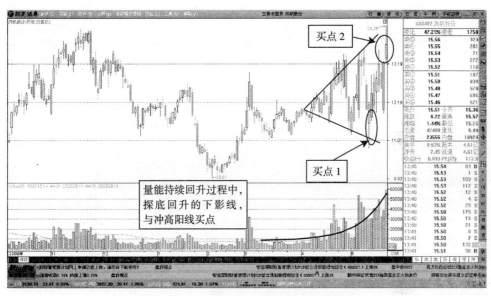

图 11-10 风帆股份——持续放量企稳买点

如图 11-10 所示，风帆股份的日 K 线中，该股持续放量的大喇叭口形态很明显在图中表现了出来。随着成交量的持续回升，该股终于出现了企稳回升的迹象。图中买点 1 所示的位置就是该股企稳于该喇叭口形态的下影线形态，是该股比较重要的买点。而图中买点 2 所示的地方是该股放量拉升的小阳线买入时机。小阳线突破了前期股价高位，并且放量冲高，表明后期该股应该会有不错的表现。追涨建仓的话，投资者便可以获得相应的投资回报了。

小提示

股价喇叭口形态被突破之前，对应的建仓机会是有很多种情况的。喇叭口形态中，突破喇叭口上升趋势线的时刻以及股价企稳回升于喇叭口上升趋势线的时候，都是重要的买点。上例风帆股份下影线探底喇叭口下限是最底部的建仓时机。而突破前期高位的时候是第二个买入时机。一旦股价顺利突破了喇叭口的上升趋势线，并且顺利企稳的话，应当是最后一个建仓时机了。

喇叭口之上的平台高位，是重要的买点

图 11-11　风帆股份——缩量之后减仓获利

如图 11-11 所示，风帆股份短线冲高的起点显然就是在该股放量突破前期股价高位的小阳线出现之时。之后该股短线冲高，表明投资者追涨买入股票的话，利润还是很可观的。

本章小结

喇叭口形态虽然复杂，股价的波动幅度在该形态中也比较大，但是投资机会同样是非常多的。至少从短线来看，投资者可以低吸高抛的买卖股票，获得相应的投资回报。而在股价最终突破了喇叭口形态的上升趋势线后，应当是投资者追涨建仓的有利时机。如果投资者对量价运行趋势有很清晰的认识的话，抓住买点并且获得收益，还是比较轻松的。

第十二种方法　三阶段底部反转
——大阳线确认可加仓

股价出现三阶段的有节奏的拉升走势，其原因就是主力深入参与个股的炒作，散户又在股价调整的时候积极地追涨。出现在大阳线内部的诸多调整 K 线形态被之后的创新高的阳线突破之后，促使股价进一步地创新高。而两根阳线夹诸多调整 K 线的三阶段走势一旦持续运行下去，股价累计的上涨空间还是非常可观的。追涨建仓，必然是获利的开始。

第一节　量价有节奏缩放的三阶段拉升

主力拉升股价出现三阶段的底部反转，若投资者仔细观察，会发现在量价关系上有显著的节奏特征。阳线出现之时，股价放量冲高至短线的高位，股价突破调整走势的态势非常明显。而短线调整之时，量能又会持续地萎缩。不仅如此，持续调整的股价总体的下跌幅度非常有限。股价的再次放量企稳在短时间内就会出现。如果投资者密切关注股价的走势，就会发现这一规律会持续很长时间。

单从底部建仓时机上看，股价即便出现了一个回合的三阶段拉升行情，投资者借此建仓的话也还是非常不错的。后期股价的运行趋势会延续这种持续飞涨的走势。特别是在成交量持续放大的前提下，股价根本不大可能会出现回落至前期底部的现象。追涨买入股票，当然可以获得相应的投资回报了。

如图 12-1 所示，申能股份前期见底回升之后出现了拉升中的三个阶段上涨的追涨机会。在大阳线之后，股价短时间的回落虽然明显，但之后出现的阳线突破了该调整 K 线组合形态后，对应的买点其实同样值得投资者关注。该股短线不断放量冲高后，投资者如果考虑追涨的话，将有不错的收益入账。

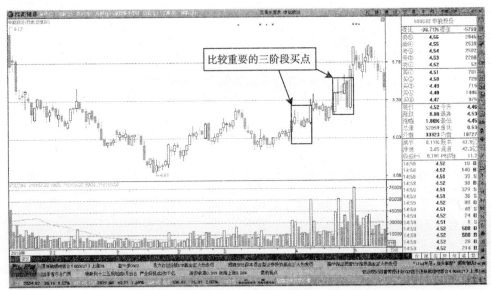

图 12-1　申能股份——有节奏的放量三个阶段

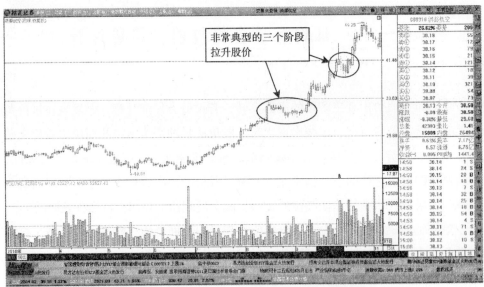

图 12-2　洪都航空——牛市行情中的三阶段拉升

如图 12-2 所示，洪都航空持续回升的牛市行情还是相当大的，股价飙升中的调整不断地出现，而对应的两阳线夹诸多 K 线形态的组合形态同样值得关注。就是在这种三阶段拉升的组合形态的不断出现的过程中，该股实现了空前的飞跃。

小提示

　　两个阳线之间出现持续横盘调整的小 K 线组合形态。K 线组合形态持续的时间是不确定的。唯一确定的是，主力会在股价调整到位后持续拉升股价出现大阳线的走势。投资者要做的事情，就是在股价持续横盘调整的时候抄底，便可以获得相应的投资回报了。像洪都航空这种持续横盘长达一个多月后，拉升出阳线，组合成三个上涨的阶段，还是不常见到的。投资者只要适当地把握，就能够获利了。

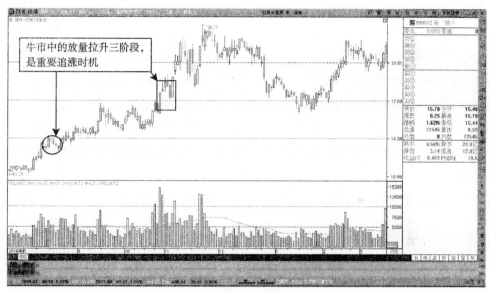

图 12-3　南玻 A——震荡三阶段见顶

　　如图 12-3 所示，南玻 A 的持续回升的三个阶段上攻行情走势出现的次数还是比较多的。图中只标注出两个这种飙升的 K 线形态。只要不是股价的顶部，投资者抓住任何一个追涨机会都能够获得利润。在震荡过程中，只有成交量持续萎缩至等量线以下的时候，才是投资者的最终卖点。

第二节　短暂回调不改指标方向

从技术指标上来看，股价的短时间回落调整的走势并不能够轻易地转变技术指标的运行趋势。指标自从见底回升以后就不断地延续看涨的趋势。横盘小幅度回落的股价仅仅会造成指标的小幅度回落。而小幅度回落的技术指标为股价今后的拉升创造了持续反弹的机会。如果投资者能够顺利把握的话，还是具有很好的短线获利机会的。

像 KDJ、RSI 之类的指标，有一定的波动空间。股价短线回落只会为这两个指标的短线回落调整创造条件。今后股价的持续回升还是会得到 KDJ 和 RSI 指标的支持。股价企稳之时追涨的话，能够二次获得投资回报。

像 MACD 之类的技术指标，没有最大值与最小值的区别，因此也不存在股价促使指标调整到位的问题。股价的短时间的调整只是为这些指标创造了继续冲高的机会。

回落幅度比较小的股价对 MACD 指标造成的冲击只是小幅度的和短暂的。

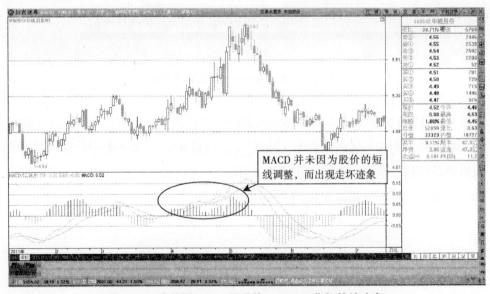

图 12-4　申能股份——见顶前，MACD 指标持续冲高

大阳线突破诸多的调整运行的 K 线之后，投资者仍然能够追涨获得相应的投资回报。

如图 12-4 所示，申能股份短线也曾经不断地出现调整的走势，但是，这并没有改变该股的反弹格局。从 MACD 指标来看，股价的短线回落其实只是构成了拉升三阶段的调整阶段，并未真正改变 MACD 指标运行的大趋势。如果投资者想要追涨获利的话，还是可以的。MACD 指标一天没有出现真正的死叉顶部，投资者就可以顺势买入股票。

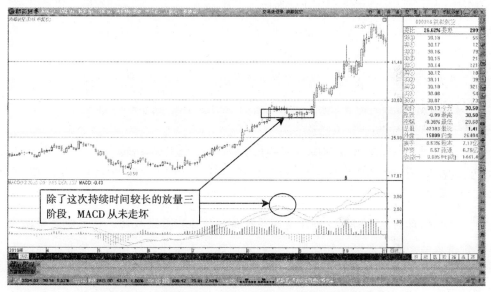

图 12-5　洪都航空——MACD 短线回调于股价横盘之时

如图 12-5 所示，洪都航空在持续飞涨的行情中，股价上涨的大趋势在长达四个月的时间里维持着。MACD 指标真正回落的死叉信号只是在图中标注的位置出现过一次。而这一次股价横盘调整的时间真的很长，虽然最终也是完成了三个阶段上涨的走势，却造成了 MACD 短线死叉的出现。除此以外，其他股价调整的时间都比较短暂，两根大阳线夹着诸多小 K 线的调整走势完成后，都是投资者的买点。

如图 12-6 所示，南玻 A 的日 K 线中，该股虽然没有出现回落的走势，但是持续的滞涨已经促使 MACD 指标出现短线回落走势。该股运行过程中的其他位置都未曾出现 MACD 的大幅的回落。一旦在大阳线后出现持续横盘的小 K 线调整走势，都是三阶段拉升的态势。投资者追涨在股价缩量回落之后，即可以获利。

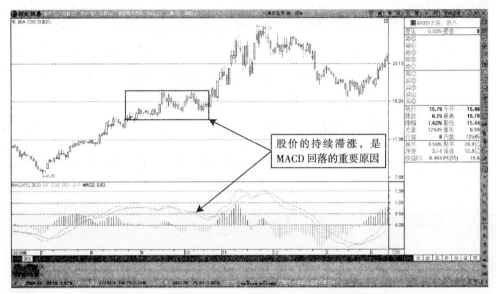

图 12-6　南玻 A——MACD 指标不为股价调整所动

小提示

　　技术指标的见顶回落，可能是因为股价的快速回落造成的，也可能是滞涨的股价造成的。不管是哪一种原因，指标的回落总不是什么好事情，除非指标回落是为股价的持续飞涨创造条件。从上边几个例子可以看出，指标并不会因为股价出现三阶段的拉升走势而出现较大的回调。股价短时间缩量横盘的时候，技术指标也只是短时间的调整，然后再次进入牛市行情当中。

第三节　缩量调整可不断加仓

　　股价短时间的回落并不能改变三阶段的拉升走势。成交量随着股价萎缩之后还会进一步放大。投资者如果想要获得相应的投资回报，应该紧抓量能萎缩、股价小幅调整的机会短线抄底。

　　回落的股价既能够减轻主力拉升过程中出现的阻力，也为散户追涨创造了相应的条件。既然主力并没有主动打压股价的意思，而是有短线拉升股价的雄心，那么散户的每一次追涨都是获得相应的投资回报的机会。如果三个阶段的持续回升走势可以不断延续的话，股价调整的机会还是不多见的。两根阳线夹着诸多 K 线的强势拉升行情会转变为股价大阳线—小 K 线—大阳线这样持续创新高的走势。追涨的机会也同样会越来越少。只要投资者肯于追涨，还是有利可图的。从多空平衡的角度来看，股价从底部企稳回升之后，持续看涨的散户会不断壮大。投资者追涨那些出现了三阶段方式持续上攻的个股，其实也是跟随散户共同追涨。主力即便在个股强势回升的时候打压股价，也不会造成股价多大的跌幅。追涨获利成为投资者盈利的重要方式。

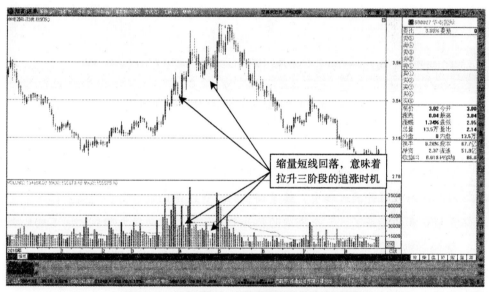

缩量短线回落，意味着拉升三阶段的追涨时机

图 12-7　华电国际——量能萎缩的多次加仓机会

如图 12-7 所示，华电国际缩量回落的信号在图中出现过两次。当然，其他的地方也曾经出现过，都是该股两根阳线中间夹着回落 K 线的看涨形态。缩量回调都是短暂的，股价放量冲高才是该股的大趋势。追涨买入股票的话，必然获得短线收益。

如图 12-8 所示，洪都航空缩量回落的机会还是比较少的。该股大趋势明显向上运行，并且，不管何时出现缩量回落的走势，都是投资者低价追涨的大好机会。该股的三个阶段的缩量追涨的重要时机就是图中三个位置所示的地方。缩量之后股价大幅度拉升，每一次都表明投资者追涨是非常正确的。

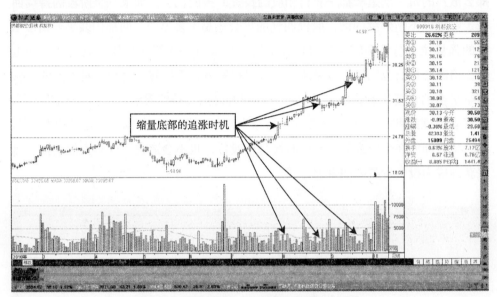

图 12-8　洪都航空——小幅缩量的加仓时机

小提示

　　股价被持续拉升的过程中，缩量调整的走势还是比较容易出现的。但是，这并不是股价真的滞涨了。三个阶段的拉升之后，股价在两根大阳线之间不断地调整，量能萎缩是很正常的事情。投资者应该抓紧时间操作股票，获得低价个股后，应该会顺利获得投资收益了。上例中洪都航空的缩量调整的走势也时常出现。投资者只要抓住股价横盘的机会就能获利了。

　　如图 12-9 所示，图中标注的三个缩量下跌的阴线其实都出现在前后两根大阳线之间的位置。主力资金在股价出现大阳线的时候放量拉升，而在股价缩量下跌的时候却不见了主力的踪影。至少短时间内看来，如果投资者持续追涨的话，不超过三日，投资收益就会顺利地入账了。

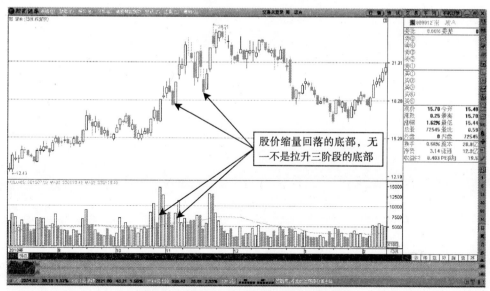

图 12-9 南玻 A——股价放量中持续冲高

本章小结

　　三个阶段的拉升过程中，股价在前期的大阳线出现之后就开始了缩量横盘的走势。这种走势持续的时间并不会很长，但是调整的幅度足以使短线的抛售压力减轻。缩量调整的机会都是非常好的抄底机会。只要成交量还能够继续维持在高位运行，并且股价不跌破前期的大阳线的实体的话，就是不错的抄底时机了。如果投资者结合股价的走势、量能的变化以及技术指标的变化来综合考虑买点，可以获得相应的投资机会。

第十三种方式　N字形底部反转
——股价二次反弹加仓

股价见底回升的过程中，冲高回落的走势其实是很常见的。股价短时间缩量回落至重要的均线之后，很大一部分股票还会获得相应的支撑，并且出现二次企稳回升的走势。投资者追涨建仓的开始就在股价类似N字形反弹走势出现的时候。如果这种二次反弹的走势可以有更大的成交量来支撑的话，股价还是会有不错的上涨空间的。本章向投资者重点介绍股价N字形反转的企稳条件、技术指标的变化特征以及比较重要的建仓机会。

第一节　缩量回调是企稳前提

个股从底部放量企稳并且顺利冲高后，短时间内出现持续回落的走势其实都是意料当中的事情。股价短线的回落走势既是前期深度套牢的投资者解套所致，也是短线追涨的投资者止盈出局引起的。不管哪一种方式导致的股价短线回落的走势，投资者都可以在股价缩量回调的时候抢反弹。

如果个股果真在持续缩量回落之后重要的均线处获得了相应的支撑，并且开始了放量反弹的走势，那么投资者就可以在这个时候不断地抄底买入股票，获得相应的短线投资回报。N字形反转走势的形态虽然不同，但是股价反弹的趋势却是相似的。如果缩量之后，股价可以二次放量反弹的话，投资者还是可以追涨获得相应的投资回报的。

N字形反转走势中，从成交量上来看，股价持续反弹的重要条件就是股价必然是缩量回落的，并且，一般股价下跌的幅度不会达到前期股价放量拉升的起涨点。判断股价短线回落之后的企稳回升的重要起点，很可能是黄金分割线对应的某一价位之上。如果股价果真在这些价位上出现企稳信号的话，投资者短线参与买卖还是可以的。

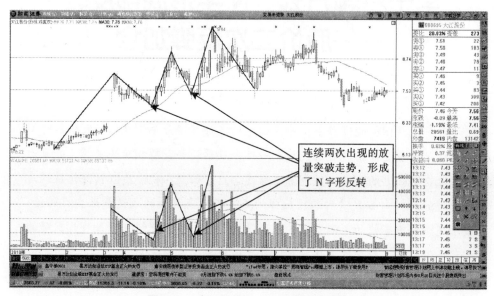

图 13-1　大江股份——N字形回升走势

如图 13-1 所示，大江股份的日 K 线中，股价在沿着 30 日均线回升的过程中形成了比较明显的 N 形反转的走势。量能在股价反弹的初期每一次的持续放大都是导致该股持续回升的 N 字形反弹的重要动力。投资者如能在适当的时候抄底的话，短线收益还是很丰厚的。图中显示，该股在持续两个阶段的 N 字形反弹后才逐渐出现见顶的迹象。两次反弹中的收益相当可观了。

小提示

个股出现了冲高回落的走势之后，能否出现 N 字形反转的走势，还要看成交量的放大程度。如果股价能够在重要的均线处开始放量突破，当是投资者非常理想的加仓机会。至少短线来看，在持续放量的前提下股价不会停滞不前。N 字形量能变化趋势可以说是 N 字形反弹走势的基础。大江股份的持续反弹走势中，该股在成交量持续 N 字形变化过程中，股价才在 30 日的均线处开始了每一次的反弹走势。

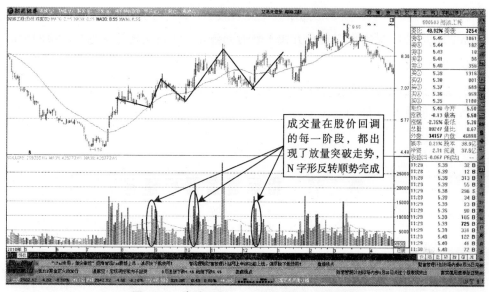

图13-2　海油工程——不规则的N字形反弹

如图13-2所示，海油工程从底部企稳回升的时候就是以放量突破为开端的。该股后期在量能脉冲放大的每一个阶段都出现了短线的反弹走势。股价短线涨幅虽然不是很大，但是如果能够沿着该股N字形反转的走势不断地低吸高抛的话，还是有相当可观的收益的。

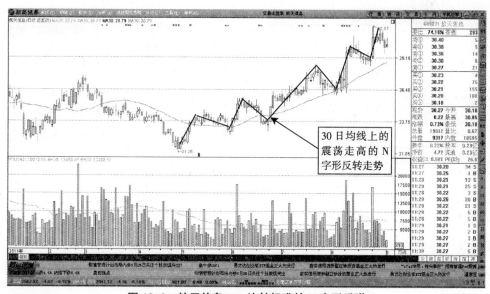

图13-3　航天信息——比较标准的N字形反弹

如图 13-3 所示，航天信息震荡上涨过程中，30 日均线所起的作用显然是相当大的。股价以 N 字形反转的方式不断地创新高，为投资者短线参与该股的牛市行情创造了非常好的条件。如果投资者在股价回落至 30 日均线的每一个时刻都能够短线建仓的话，后期的投资收益还是相当可观的。股价缩量回落后二次放量反弹并且形成 N 字形的反转走势，显然为投资者提供了非常不错的建仓机会。

第二节 指标震荡都可建仓

股价见底回升并且首次冲高后，即便是出现短时间的缩量回调走势，也不大可能改变股价的运行趋势。从技术指标的变化趋势来看，股价短时间缩量回调对技术指标的打击只是短暂的。一旦成交量再次回升，股价还是会出现企稳回升的走势。投资者这个时候抄底，能够获得相应的投资回报了。

随着股价 N 字形反转走势持续不断地出现，投资者会发现一个现象，前期股价回落时，技术指标回落之后还可以继续突破前期高位，而一旦技术指标达到了新高，并且不会在 N 字形反弹中超越前期的高点的话，投资者的出货时机也就随

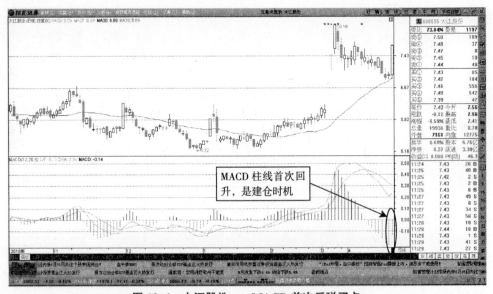

图 13-4 大江股份——MACD 首次反弹买点

之出现了。从技术指标上来看，股价震荡中持续反弹的N字形反转也会有见顶的那一天。技术指标会先于股价出现背离的走势，提醒投资者卖点的出现。选择短线抄底的投资者，如果不是在技术指标背离之后抄底的话，获得一些投资收益的可能性还是很大的。

如图13-4所示，大江股份的日K线中，股价短线回落之后，MACD指标的柱状图出现了首次回升的迹象，表明股价短线反弹的买点已经出现了。投资者短线参与该股的抄底的话，是个获得投资收益的好时机。

小提示

既然是N字形的反转走势，那么股价一旦获得了相应的支撑，就必然会在短时间内放量冲高。对于大江股份MACD指标的转向信号来说，即便是该指标首次出现反转柱线，也意味着股价的快速反弹的开始。该股N字形反转的效率之高，以至于投资者不得不在短时间内就完成股票的买卖操作。

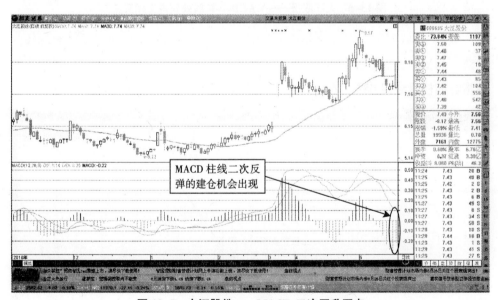

图13-5　大江股份——MACD二次回升买点

如图13-5所示，大江股份短线二次回落后，MACD指标又一次出现了回升的柱状线，投资者在这个时候二次买入股票的话，是获得收益的绝佳时机。考虑该股图中出现在30日均线处的反弹大阳线，MACD指标柱状线同步回升，是不错的抄底盈利时机。

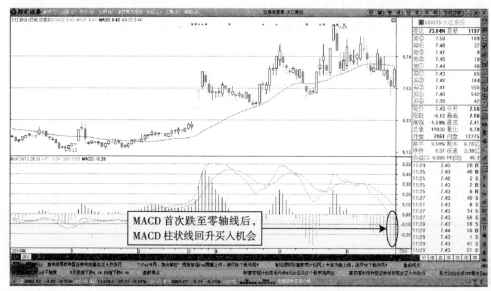

图 13-6 大江股份——MACD 零轴线处获得支撑买点

如图 13-6 所示，在股价弱势震荡中，MACD 指标终于出现了跌破零轴线的走势。而指标首次跌破零轴线并不意味着股价就此转变为熊市行情了。短线参与该指标的柱状线回升的买点，还是能够继续获得相应的投资回报的。

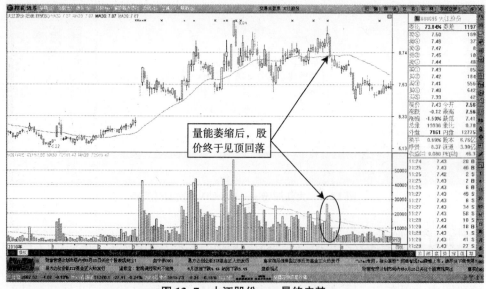

图 13-7 大江股份——最终走势

如图13-7所示，大江股份的日K线中，该股短线持续缩量破位下跌之后，成交量萎缩至该股上涨过程中从未有过的水平。这样，股价的震荡反弹的牛市行情结束了。短线参与N字形抄底的做法，在这个时候应该停止了。

第三节　N字转折点的建仓时机

N字形反转的时候，可以从股价的放量突破来判断建仓时机，当然也可以从技术指标的回落趋势上提前发现会出现的反弹走势。

从量价上判断，投资者发现股价放量上涨的大阳线并且开始追涨的话，这种机会还是很容易抓到的。因为股价放量上涨的那一刻，投资者是不可能看不到的。美中不足的是，股价在真正突破之后，真正的低价抄底机会已经不复存在了。投资者抄底的时候，股价处于短线的高位，对今后的获利显然是没有帮助的。

而如果从技术指标回落点判断股价企稳回升的时机的话，可以在指标回落至多空分界线之前抄底买入股票。这个时候买入股票，价格比较低，容易获得更好的投资回报。投资者甚至可以在前期支撑较好的均线处开始抄底买入股票。如果

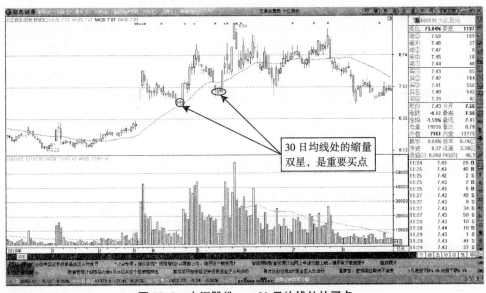

图13-8　大江股份——30日均线处的买点

真的会出现 N 字形反转走势，均线处抄底后必然可以获得相应的投资回报的。

如图 13-8 所示，大江股份的日 K 线中，如果从股价企稳回升的迹象来看，该股缩量回落至 30 日的均线之后，双十字星出现之时，就是投资者买入股票之日。鉴于 30 日均线对于该股的重要支撑作用，投资者买入股票的话，便能够获得相应的投资回报了。双十字星的出现显然就是股价短线见底的重要信号。

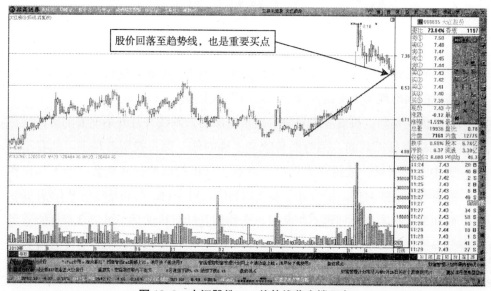

股价回落至趋势线，也是重要买点

图 13-9　大江股份——趋势线获支撑买点

如图 13-9 所示，如果从趋势线上看，该股图中回落至趋势线之时就是 N 字形反转后投资者抄底之日。前期放量冲高后，股价在持续放量状态下回落至趋势线。主力稍微拉升，该股就会出现二次反弹 N 字形反转走势了。

小提示

既然是比较标准的 N 字形反转走势，那么股价运行的趋势线也同样是非常标准的运行趋势。投资者短线参与股票买卖的时候，注意选择在股价趋势线之上抄底买入股票。大江股份短线回落至趋势线的时候，是该股冲高后的首次回落，是投资者不错的建仓时机。

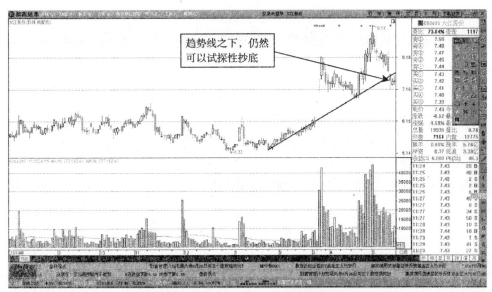

图 13-10　大江股份——试探性建仓时机

如图 13-10 所示，趋势线已经在前期被确认了一次，该股图中二次回落至该趋势线下方一些也是不错的建仓时机。小幅跌破该趋势线只能够说明维持股价高位运行的力度不够，并不能说明股价就此见顶回落了。用少量的资金在图中这个位置试探性抄底，将是获利的机会。

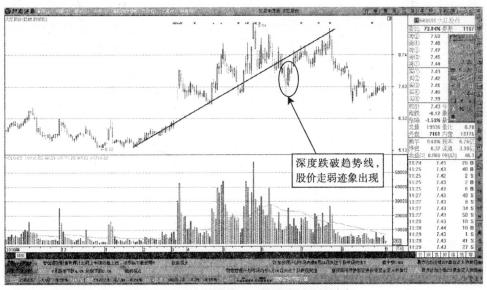

图 13-11　大江股份——量能无以为继减仓

　　如图 13-11 所示，股价第三次回落至趋势线的时候，多方短线抄底的力量不够，致使该股大幅度跌破了趋势线。很显然，这个时候投资者再次抄底的话，是不合时宜了。股价大幅度跌破趋势线，显然是趋势反转的前兆。考虑该股已经经历两次大幅度反弹走势，这个时候股价的缩量回落就不难理解了。前期在 N 字形反转中抄底，必然获得不错的收益。

本章小结

　　N 字形反转走势其实就是比较标准的反弹走势。股价之所以会出现这种标准的反弹行情，与前期股价突破阻力大幅度冲高有很大的关系。持续性比较好的个股会在重要的均线之上出现阶段性的放量冲高行情。只要投资者预先准备好并且在反弹信号出现后快速建仓，便可以获得相应的短线回报了。在比较标准的 N 字形反转运行过程中，投资者不仅可以抓住买点，同样可以在股价短线回落的信号出现之时完成短线出货的操作。

第三部分

卖股必读
——实战形态理论 13 种逃顶方法

第一种方法　倒 V 形反转
——杀跌减仓方能逃顶

倒 V 形反转走势是与 V 形反转对应的一种较为迅速的股价反转走势。该反转形态出现之后，股价的运行趋势基本上会维持一种快速回落的趋势。投资者减仓出货的最佳时机是股价高位见顶信号出现之时。该反转形态出现之后，投资者任何的等待都将造成巨大的投资损失。本章重点向投资者介绍该反转形态中量价关系的变化、反转走势的延伸以及重要的出货时机。

第一节　倒 V 形量与倒 V 形指标

股价出现倒 V 形反转走势的时候，不得不提的是这个期间成交量和技术指标的变化。倒 V 形反转出现的时候，量能不可能维持原状。股价的持续回落必然会给投资者带来不小的投资损失。而遭受损失的是绝大多数的散户。表现在成交量上，就是前期持续放量之后，在股价见顶之时出现快速缩量回落的走势。从技术指标上来看，短短三天之内指标可能就会快速地走弱，并且形成相应的死叉见顶信号。股价顶部信号一旦出现，回落的趋势就不可避免地长时间内出现。投资者基本的操作应该是以减仓为主，不然的话，必然遭受相应的投资损失。

从成交量、技术指标的微妙变化中，发现相应的出货时机是比较容易的事情。尤其是从成交量上分析，股价的见顶回落过程不仅有明显的放量拉升阶段，同样会在股价见顶之后出现更为显著的缩量回落走势。当成交量与股价出现了同步见顶的走势，并且快速萎缩至等量线以下，那将是投资者减仓出货的重要机会。

从技术指标上看，股价反转信号的出现可能会稍微慢一些。因为众多技术指标因从计算周期的问题会在股价转变方向过程中对指标造成持续的变化。短时间的股价回落根本不大可能对技术指标短期的走势造成太大的影响。投资者要想抓住第一卖点的话，必然需要在量能萎缩的阶段做出减仓的决策，才能够相应地减少投资损失。

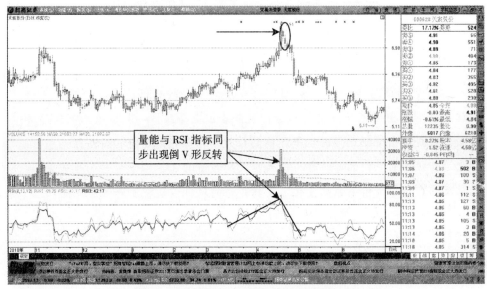

图 1-1　天宸股份——量能与 RSI 的倒 V 形

如图 1-1 所示，天宸股份的日 K 线中，股价前期还是持续回升的走势，但是快速冲高后出现的高位黑三兵形态显然结束了该股的牛市行情。投资者持续减仓的机会就在黑三兵完成后出现了。该股虽然没有明显的单根 K 线见顶的信号，却导致了该股倒 V 形反转走势的快速出现。从成交量和 RSI 指标的快速回落可以明显地发现，反转已经持续到来了。

如图 1-2 所示，大西洋这只股票见顶的方式是一根高位阴线十字星出现在了该股的顶部。如果投资者及时发现并且做出相应的减仓操作，还是能够及时止损的。前期股价的上涨趋势还是非常显著的，量能放大配合得比较好，KDJ 指标虽然走缓，却未真的见顶。而高位放量十字星出现后，成交量出现了倒 V 形的反转，KDJ 指标也快速回落。这样一来，该股的倒 V 形反转的走势就不难以理解了。

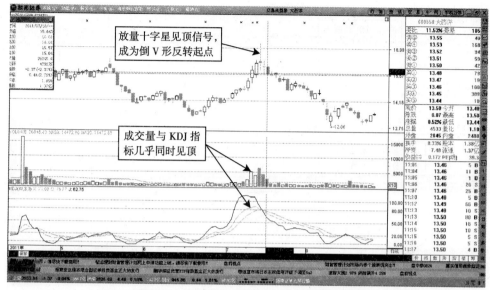

放量十字星见顶信号，成为倒 V 形反转起点

成交量与 KDJ 指标几乎同时见顶

图 1-2　大西洋——量能与 KDJ 的倒 V 形

小提示

　　股价出现顶部明显的见顶信号，之后股价快速出现倒 V 形反转走势，这几乎成了股价见顶回落的重要信号了。不仅大西洋这只股票是这样的走势，其他类似的倒 V 形反转走势的个股同样是这种见顶回落的过程。如果投资者能够在股价回落的初期就开始关注价格的变化，还是很容易减少投资风险的。

　　需要注意的是，成交量的快速萎缩是股价回落的重要支撑指标。而技术指标的死叉见顶也为投资者提供了不错的减仓机会。综合判断个股见顶回落的机会的话，损失不会那么容易出现。

　　如图 1-3 所示，陆家嘴的日 K 线中，股价自从出现了跳空拉升后冲高回落的高位倒锤子线，反转走势就此展开了。图中成交量只是出现了两天的突然放大，就开始快速半量回落的走势。而从技术指标上看来，快速现身的 MACD 死叉信号也促使股价不得不在回落中前行。

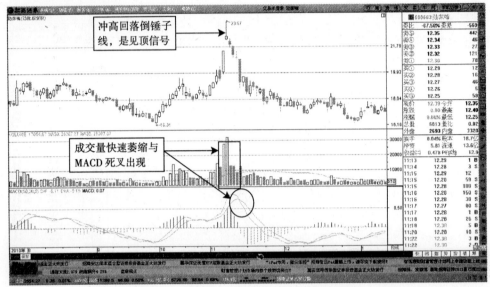

图 1-3　陆家嘴——量能与 MACD 的倒 V 形

第二节　倒 V 形反转的延伸

　　倒 V 形反转走势一旦出现，股价的见顶回落在长时间内就会延续下来。即便股价短时间内遇到了强大的支撑使下跌的趋势趋缓，也难以在短时间内撼动该反转的延续。从主力出货的力度来看，其实倒 V 形反转走势是得到了主力资金的大力配合的。没有主力高位抛售股票，股价是不大可能出现倒 V 形反转走势的。既然主力都早已经看淡了后市，那么散户再考虑持股显然是不合时宜的事情。在股价震荡回落的过程中，尽可能快地减仓是投资者不二的选择。

　　至少从成交量来看，股价短时间反弹之时并未有量能持续放大出现，那么股价的回落走势就会在很长时间内延续下来。为了股价短暂的反弹走势而冒着风险去大量追涨买入股票，是非常愚蠢的做法。

　　如图 1-4 所示，陆家嘴的日 K 线中，股价在图中出现了三角形的调整走势，但是该股的回落趋势并不会发生质的变化。短时间放量调整过程中，成交量不能持续放大，该股回落的趋势必将二次出现。前期的倒 V 形反转成为该股反弹的重要阻力位。

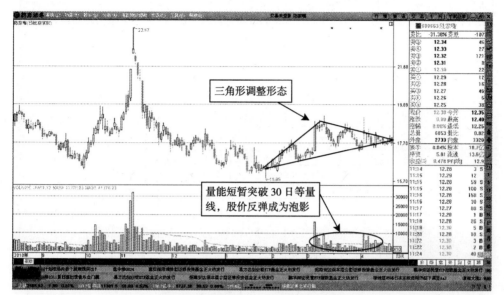

图 1-4　陆家嘴——无量反弹三角形

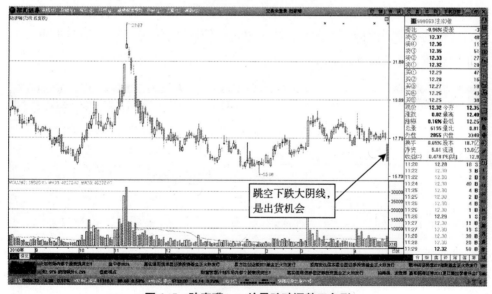

图 1-5　陆家嘴——放量跌破调整三角形

如图 1-5 所示，大阴线以跳空回落的方式出现，表明该股短时间的回升走势最终开始转变为二次探底的回落趋势。对于投资者来讲，如果在前期股价见底反弹的时候抄底买入了该股，获得相应的投资回报后，此时将是最后的出货时机了。

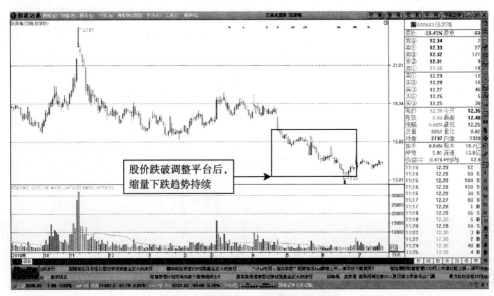

图 1-6 陆家嘴——回落持续延伸

如图 1-6 所示，陆家嘴的回落趋势显然与前期如出一辙。成交量处于缩量状态，股价的缓慢回落持续进行着。散户减仓即是最佳的操作方法。股价要想出现真正的企稳，等待量能放大才行。

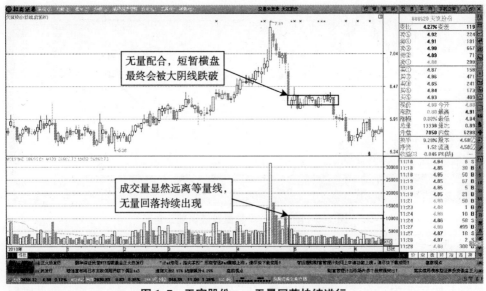

图 1-7 天宸股份——无量回落持续进行

如图 1-7 所示，天宸股份自从前期黑三兵见顶后，股价的倒 V 形反转走势就不断地延续着。而从成交量上看，30 日的等量线已经距离成交量柱非常远了。股价持续回落的走势至少在量能萎缩至远离等量线的情况下不会出现。如果投资者足够清醒的话，图中该股持续横盘调整的过程中必然是投资者重要的减仓时机。

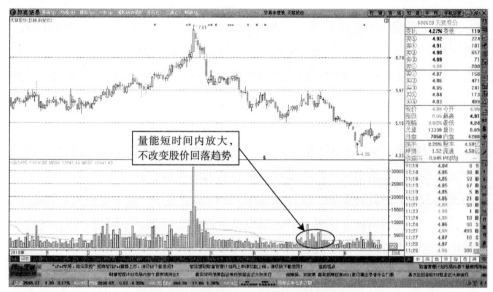

图 1-8 天宸股份——短暂放量无济于事

如图 1-8 所示，成交量虽然持续十天突破了等量线，但是这并不足以使股价见底回升。随着之后成交量的再次萎缩，股价又开始了回落走势。途中短线抄底该股都不是什么好做法。无量状态下回落的股价，短线反弹的收益都是非常有限的。

小提示

股价在出现了倒 V 形反转走势之后，短时间的反弹走势之所以不值得一提，是因为股价的持续回升的走势并不会因为量能的短时间放大而出现。就如上边天宸股份这个例子一样，股价虽然也曾经出现过放量态势，但是无量配合，该股的横盘调整走势最终以破位下跌的大阴线收尾。

第三节　倒V形反转的出货时机

从倒V形反转的走势来看，投资者选择的恰当的出货时机应该在股价出现了比较明显的反转信号之时。当然，恰当的选择这样的顶部出货时机是有一定的技巧的，当然难度也是不少的。如果真的能够在股价见顶之时出货，便能够轻松地减少投资风险了。

除了从倒V形反转的顶部出货以外，投资者还可以利用成交量的萎缩时机开始减少持股数量。具体来讲，就是在股价见顶信号出现之后，成交量快速萎缩的三个交易日内，不断地减少持股数量，避免前期的投资收益化为乌有。股价如果真的出现了倒V形反转走势，投资者选择三天内出货完毕，损失将会大大地减轻。

另外，从技术指标上选择出货时机也是可以的。但是，不同技术指标的出货信号出现的时机可能不同。投资者尽量选择那些变化迅速的指标来考虑相应的出货位置。

考虑到股票出货时机有快慢之分，投资者选择减仓的机会最好是在股价出现

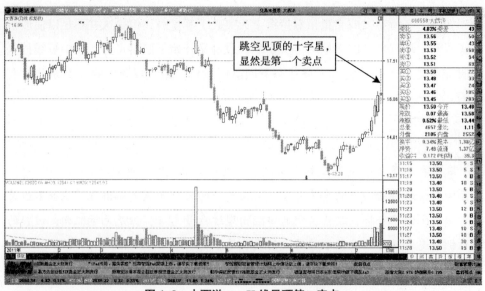

图1-9　大西洋——K线见顶第一卖点

顶部信号的时候，这时候出货量是最高的。而从成交量和技术指标上判断出货的
最佳时机都是相对比较慢的。

　　如图 1-9 所示，大西洋这只股票持续见底之后又出现了持续放量的拉升走
势，但是，持续不断出现的行情背后，该股短时间见顶的信号也快速出现了。该
股反弹过程中，诸多的阳线中出现了一根见顶回落阴线十字星，是非常显著的见
顶信号。把握住该放量十字星的出货时机，将为投资者减少很多投资风险。至少
从技术分析的角度来讲，该十字星的出现是首次出现的最为显著的顶部信号。

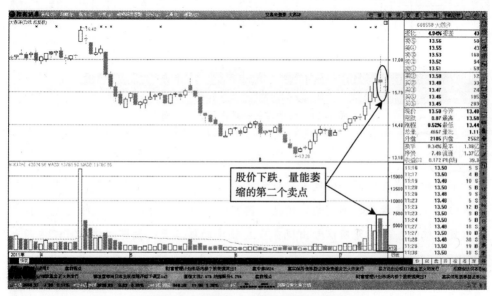

图 1-10　大西洋——量能萎缩第二卖点

　　如图 1-10 所示，大西洋的回落走势在第二天再次出现，并且成交量已经出
现了显著的萎缩。虽然短时间看来，成交量并未萎缩至等量线以下；长期看来，
显然是该股缩量下跌的开始。投资者的二次出货机会就出现在了成交量第二次回
落期间。

　　如图 1-11 所示，股价的第三个卖点是图中 RSI 指标的死叉信号出现之时。6
日的 RSI 指标达到了图中所示的 59.85 的水平，而 12 日的 RSI 指标达到了图中
所示的 62.84 的水平。6 日的 RSI 指标回落至 12 日的 RSI 指标以下，显然形成了
死叉卖点。相比前期股价的见顶信号和量能萎缩的出货信号，这次 RSI 死叉的出
现表明投资者最后的一个出货时机出现了。

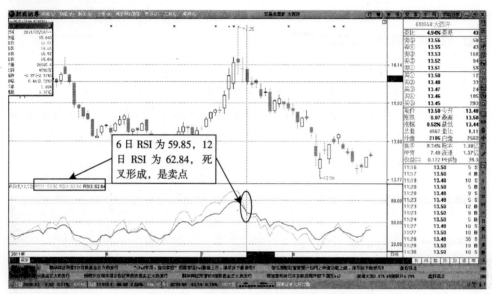

6 日 RSI 为 59.85，12 日 RSI 为 62.84，死叉形成，是卖点

图 1-11　大西洋——RSI 死叉第三卖点

小提示

　　如果投资者选择股价出现见顶信号之后考虑最佳的出货点，那么一定是股价回落的第二天收盘前的那一刻。但是，通常情况下，投资者是不能轻易发现当日的出货时机的。而在见顶信号出现在日 K 线中的第二天，投资者仍旧可以依照大

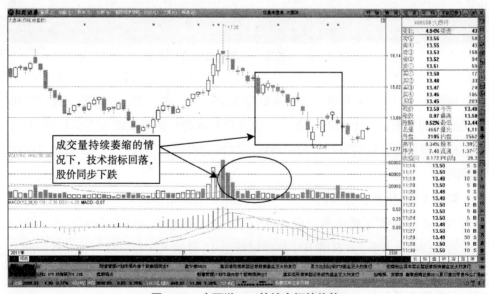

成交量持续萎缩的情况下，技术指标回落，股价同步下跌

图 1-12　大西洋——持续走坏的趋势

西洋这只股票的出货时机选择出货位置。即便有些许的短线损失出现，投资者仍旧可以出货的。

如图 1-12 所示，大西洋见顶回落的走势很显然地快速出现了。在股价十字星见顶与量能萎缩的配合下，技术指标的死叉信号加速了该股的回落走势。如果投资者在图中的十字星见顶的时候开始快速减少持股数量的话，还是可以避免损失扩大的。

本章小结

倒 V 形反转走势出现后，股价的回落过程是十分短暂的。要想减少投资损失，尽量快速减仓甚至是清仓才是投资者最为明智的选择。除此之外，任何的操作都会使投资者造成短线损失。本章所说的出货时机的选择，虽然先后顺序可能不同，但是投资者只要尽量在信号发出的第一时间出货就可以了。

第二种方法 双顶反转
——破位下跌可以清仓

双顶反转走势与倒 V 形反转走势最为显著的区别就是两个价格几乎持平的顶部形态。股价真正开始走弱的时机就是在价格顺利跌破了双顶形态的颈线之时。成交量在股价两个顶部出现的过程中持续的萎缩是双顶反转形态形成的重要条件。投资者如果发现了双顶反转形态，那么持续减仓出货是减少风险的唯一选择。与倒 V 形反转走势相似的是，双顶形态一旦形成，那么股价的企稳回升将会在很长时间内不会出现。本章重点向投资者介绍双顶反转形态中的量能变化特征、指标的提前见顶与重要的减仓时机。

第一节　量能见顶与双顶反转

量能持续见顶后，股价会出现见顶回落的走势，这是投资者都知道的事情。股价不可能长时间地维持无量拉升的走势。一旦成交量不再持续地放大，那么股价的见顶将会在某一天内出现。

双顶反转走势中，成交量不能持续放大的时刻当然也是股价见顶回落的开始了。具体到双顶反转形态，投资者可以发现，股价的持续回落的走势其实并不是在双顶的第二个峰值出现之后才开始的。在股价的第一个见顶回落的峰值出现之后，就出现了成交量的萎缩。而股价在第二个顶部反弹的时候，成交量虽然也曾放大，但是持续时间是非常短暂的。并且，短时间的量能放大并不足以促使股价突破前期的高位。量能在股价第二个顶部完成的时候出现快速缩量回落的走势，就是投资者出货的重要时机了。

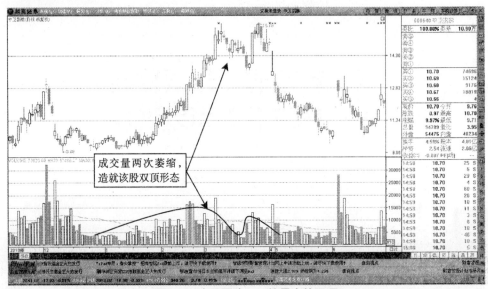

成交量两次萎缩，造就该股双顶形态

图 2-1　中卫国脉——缩量中的双顶

如图 2-1 所示，中卫国脉的日 K 线中，该股显然地出现了两个持续见顶的峰值成交量。两个峰值成交量之间的部分就是股价缩量回落的开始。随着成交量在图中出现明显的两个顶部，股价也相继出现双峰见顶走势。发现该反转的重要信号，就是首先发现成交量持续萎缩到的两个峰值。

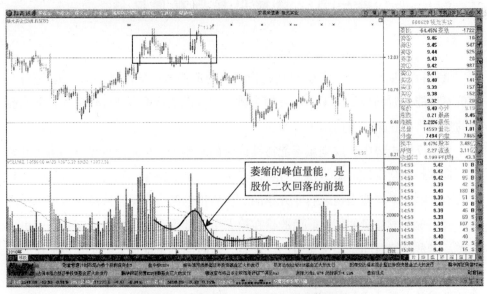

萎缩的峰值量能，是股价二次回落的前提

图 2-2　棱光实业——跳空之后回落双顶

　　如图 2-2 所示，棱光实业的日 K 线中，股价前期持续放量拉升的走势不断地维持着，并不能够看出该股会出现回落走势。而之后出现的量能的持续萎缩促使股价短线出现了回落，并且在短暂反弹之后出现了二次回落的双顶反转走势。这样看来，该股见顶的最佳卖点就在这个时候出现了。如果投资者能够在成交量上首先把握该股的出货时机，还是很容易避免损失扩大化的。

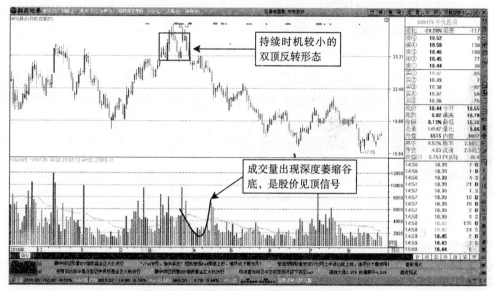

图 2-3　华光股份——无量维持的小双顶

　　如图 2-3 所示，华光股份的日 K 线中，股价出现了双顶回落的走势后，成交量很快地萎缩形成了谷底形态。量能不再像以前那样处于等量线之上的放大状态，表明投资者的最佳出货时机已经过去了。今后股价的无量回落的走势恐怕难以避免了。

💭 **小提示**

　　股价双顶形态出现的过程中，在多数情况下，成交量会在第一个顶部出现之时就开始迅速萎缩了。但少数的个股也可能会在第二个顶部出现的时候才出现成交量的萎缩迹象。而不管量能萎缩出现在何时，投资者都应该做好出货的准备。像上边例子华光股份所说的，股价持续缩量回落的走势出现在双顶形态完成之后。根据成交量来判断出货时机的投资者，在这一点上可就要小心了。

第二节 指标提前见顶与股价回落

从技术指标上看，股价见顶回落的走势早已经在指标上表现出来了。股价首次回落的顶部出现之时，技术指标的死叉见顶信号就快速出现了。只不过，股价首次见顶回落后，并未形成持续性的牛市行情。如果投资者这个时候考虑减仓，很可能会出现踏空的现象。股价在二次反弹的时候，技术指标虽然短时间内跟随股价回升，却没有达到前期的高度。从股价短暂超越前期高位与指标仍旧处于相对低点来看，技术指标显然是出现了比较明显的背离迹象。投资者这个时候考虑减仓的话，就不会遭受太大的投资损失了。

技术指标与股价的背离走势出现后，虽然短时间内并不会促使股价见顶回落，但是指标终究没有跟随股价同步回升，时间一长，股价就会与指标同步回落。投资者应该持续减仓持股，一旦股价开始回落，将对投资者造成很大的损失。提前减仓持股，也是出于谨慎考虑的明智做法。主动减少持股数量后，虽然短时间内违背了股价的运行趋势，但长期来看还是非常值得的。

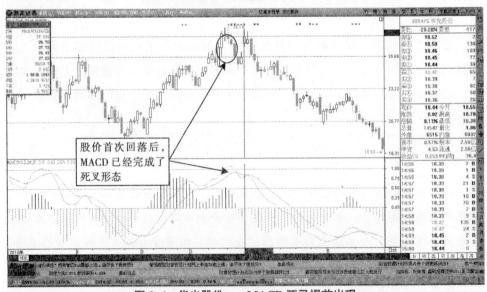

图 2-4 华光股份——MACD 死叉提前出现

如图 2-4 所示，华光股份的日 K 线中，股价在双顶反转的第一个顶部出现的时候，MACD 指标就已经出现了死叉看跌信号。而股价短线反弹的过程中，形成了该股的第二个顶部，这个时候 MACD 已经持续回落了下来。投资者仅仅从 MACD 的变化过程来看，显然能够在股价初次回落的时候就发现了顶部卖点。

小提示

技术指标在股价双顶形态完成的初期就形成了死叉信号，这是股价见顶的第一个指标信号。而之后股价在反弹至高位的过程中，指标却没能够出现相应高度的反弹，这是投资者卖出股票的背离信号，也是第二个信号。不管是哪一个信号，投资者只要灵活掌握，都能够在适当的位置减少损失，并且能获得相应的投资回报。华光股份的 MACD 指标率先出现的死叉见顶信号就是第一个出货时机。该指标不能在股价第二次反弹的时候达到前期高位是投资者减仓的第二个信号。

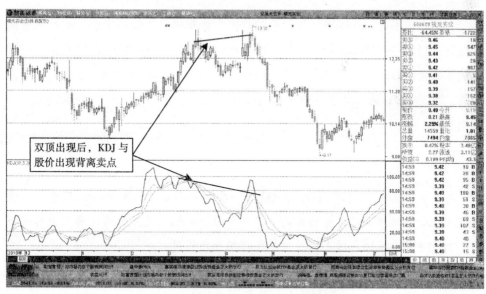

图 2-5 棱光实业——KDJ 的背离卖点

如图 2-5 所示，棱光实业的见顶回落过程中，股价在第二个高位出现之时虽然超越了前期高点，但是从 KDJ 指标的变化看，却没有达到前期的水平。KDJ 指标与股价的背离形成了。这样，背离造成的该股回落走势快速出现，投资者若在背离出现的第一时间就开始出货的话，还是可以避免损失的。

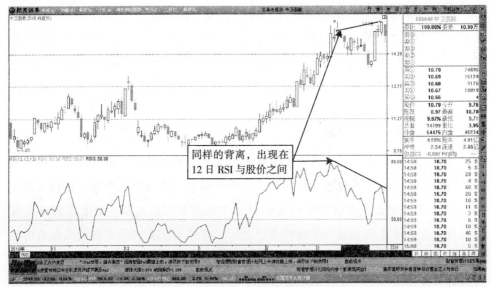

图 2-6 中卫国脉——RSI 指标背离卖点

如图 2-6 所示，RSI 指标与股价的背离走势同样是不错的卖点。中卫国脉两次见顶的过程中，RSI 指标显然是出现了非常显著的回落走势。这样看来，投资者短线减仓出货的话，并不影响损失的减少。股价的回落走势也是在背离之后出现的。鉴于 12 日的 RSI 指标对买卖的重要作用，投资者还是可以根据背离的指示出货的。

小提示

对于中卫国脉，使用 12 日的 RSI 单一指标判断出货时机的话，投资者只能够通过指标的回落以及指标的背离走势判断出货时机。虽然背离走势在出货时机判断上显得有些迟钝，但是仍然可以发挥相应的作用。

第三节 双顶有效减仓时机

股价的双顶形态出现之后，从减仓时机上来看，通常会有三个明显的机会：在双顶的两个顶部分别减仓以及在股价跌破双顶的颈线之后再考虑快速减少持股数量。

在两个顶部分别减少持股数量，这种方法是比较常见的。这样做的好处就是能够在股价回落的第一时间里开始减仓出货。这样的话，持股风险将会大大减轻。判断股价分别见顶的重要信号，当然也是从 K 线形态、量能萎缩以及技术指标上来判断。

股价跌破双顶颈线的时刻，当然也同样是出货的重要时机。只不过，这个时候减仓的话，投资者恐怕要在前期遭受一定的投资损失。毕竟，股价从顶部回落至颈线后，价格空间还是非常大的。投资者如果没有在股价顶部减仓，而是等待股价跌破颈线之时再考虑出货的动作，显然会遭受风险了。

除了以上所说的三个比较明显的出货时机以外，在股价见顶回落之后，更迟的出货时机应该就在股价跌破颈线并且出现短暂的回抽的时刻。从双顶形态来看，股价跌破颈线的时候，说明双顶形态基本上完成，投资者选择股价回抽颈线出货，出货时机准确选择是比较困难的。

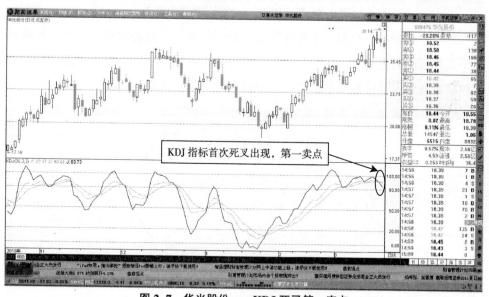

图 2-7 华光股份——KDJ 死叉第一卖点

如图 2-7 所示，华光股份持续回升过程中，从 KDJ 指标上来看，出现死叉见顶的信号后，成为投资者卖出该股的第一个卖点。而不管该股能否形成相应的双顶形态，KDJ 指标的首次回落死叉显然表明股价的调整不可避免地出现。指标的初次见顶成为第一卖点，无可厚非。

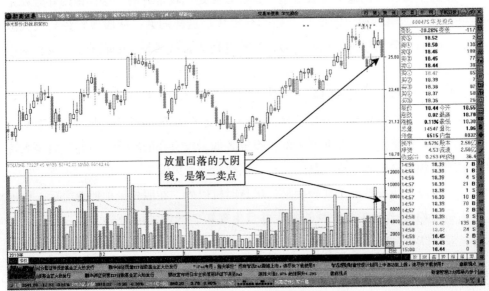

图 2-8　华光股份——放量回落第二卖点

如图 2-8 所示，当第一个顶部回落趋势形成之后，该股出现了大阴线跌破第二个反弹顶部的现象。从该股持续拉升的走势来看，这一次的放量回落的大阴线显然是非常不同寻常的回落。如果能够抓住这一卖点的话，还是可以保住前期的

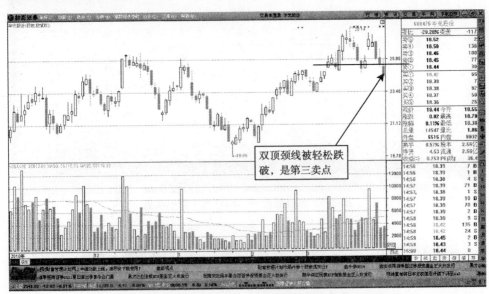

图 2-9　华光股份——跌破颈线第三卖点

投资收益的。作为双顶的第二个回落点，大阴线成为投资者出货的第二个卖点。

　　如图 2-9 所示，双顶的颈线被缩量跌破之后，股价的反转走势才真正形成了。图中股价跌破颈线的瞬间，是投资者清仓的最后一个卖点。如果投资者不急于低价卖出股票的话，还可以等待股价回抽颈线之时出货。

小提示

　　股价见顶回落并且跌破了双顶形态后能否出现回抽颈线的走势，通常是不能够确定的。从投资者选择出货时机上来看，应该在股价首次跌破颈线后就开始了。一旦股价不能够出现回抽颈线的走势，那么损失将很快地扩大。投资者快速减仓是必然的选择。华光股份这只股票虽然在之后出现了回抽颈线的走势，但是短线反弹的幅度并不是很大。谨慎起见，还是应该在股价跌破双顶颈线的瞬间出货。

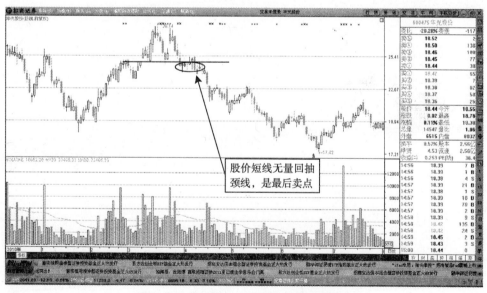

图 2-10　华光股份——回抽颈线最后卖点

　　如图 2-10 所示，华光股份短时间小幅度回抽颈线的走势成为投资者最后的一次出货机会。今后股价的快速下跌的走势中，将不大可能出现比这次股价回抽还高的价位。减仓出货的话，投资者必然能够获利丰厚。

本章小结

　　双顶形态是实战中比较常见的顶部形态。该顶部形态一旦出现，投资者的选择就不多了。该反转形态与其他顶部形态有很多相似之处。完成形态的过程中，出现成交量的持续萎缩。而股价的见顶回落走势的开端就出现在股价跌破颈线之时。颈线不仅是双顶形态完成的标志，同样是其他众多反转走势完成的标志。

第三种方法 头肩顶反转
——三座山见顶减仓

头肩顶形态与第二部分的头肩底形态对应，是一个比较复杂的反转形态。股价见顶回落的过程虽然复杂，经历了三个持续出现的顶部，但是这并不妨碍股价的回落走势的出现。持续时间更长的头肩顶反转形态对股价造成的打压作用更为明显。股价一旦跌破该形态，将是投资者清仓出货的最后时机。本章重点向投资者介绍头肩顶形态的一些重要卖点以及成交量和指标在此期间的变化情况。

第一节 持续缩量的三个顶部

成交量持续萎缩是头肩顶形态出现的重要信号。也许投资者在股价初次见顶的时候就发现了这个量能萎缩的过程。但是，如果投资者仔细观察的话，还会在股价出现第二个顶部的时候发现同样的缩量调整走势。股价在见顶过程中之所以会出现头肩顶的反转走势，成交量不能维持放大趋势是比较重要的原因之一。

鉴于投资者在出货时机的选择上应该是比较迅速的，并且应该在股价的高位卖出股票，那么，成交量率先萎缩的第一个顶部出现之后，就应该考虑减少持股数量了。从出货时机看，量能萎缩的头肩顶形态的第一个顶部就是首次出货的时机。除此以外，股价在缩量之后出现的第二个顶部应当是股价见顶的第二次出货时机。在头肩顶形态的头部出货，虽然看似晚了一些，却是股价的较高位置了。

从头肩顶形态出现的过程来看，每一个该形态的顶部对应着一定的萎缩的成交量。如果投资者持续关注成交量的变化，就会看出股价持续缩量的过程一直持续着。股价首先出现第一个顶部的时候，成交量出现了首次萎缩。在股价反弹并且形成头肩顶形态的头部之时，量能虽然短暂放大，却没能够持续下来。而一旦股价第二次回落，并且形成比较明显的第二个顶部，那么股价的反转走势就不可避免地出现了。成交量在头肩顶形态的右肩处会出现更明显的缩量。这个时候，成交量几乎没接触到 30 日的等量线，股价就出现了持续的回落。

总之，判断头肩顶形态完成的过程，其实就是成交量持续回落至 30 日的等量线以下并且不断萎缩的过程。可以这么说，量能何时达到不能再次萎缩的地量水平，股价就会在何时企稳回升。

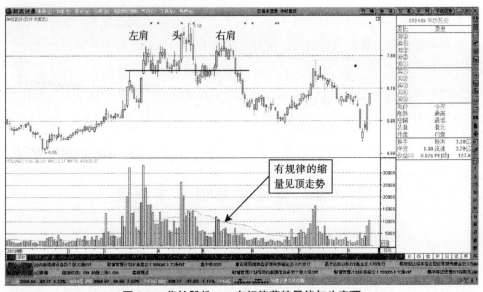

图 3-1　华纺股份——有规律萎缩量能与头肩顶

如图 3-1 所示，华纺股份的头肩顶形态中，股价出现该反转形态的过程中，成交量在三次见顶的时候呈现出较为明确的萎缩迹象。最后完成的头肩顶右肩处成交量更是明显的萎缩至 30 日的等量线以下。这表明股价跌破颈线的走势其实是量能无以为继的结果。投资者若在成交量萎缩的过程中减仓，还是很容易减轻损失的。

如图 3-2 所示，大元股份的上涨势头在短时间内并未因为量能的持续萎缩而出现任何的调整走势。该股在拉升的过程中早已经出现了量能萎缩的迹象，只不过主力的控盘程度比较好，并未导致股价在短时间内回落。而图中显示量能持续萎缩至拉升前期的水平后，股价终于完成了该头肩顶形态。

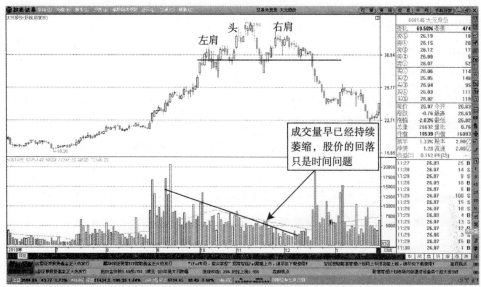

图 3-2 大元股份——持续萎缩量能与头肩顶

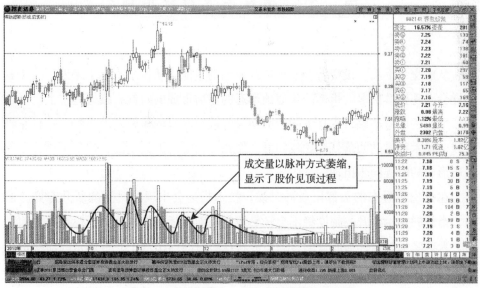

图 3-3 蓉胜超微——脉冲萎缩量能与头肩顶

如图 3-3 所示，蓉胜超微震荡上涨后，又出现了震荡回落的走势。在此期间，成交量有规律地萎缩。持续时间一长，该股再无量能维持股价高位运行，头肩顶形态被轻松跌破。量能持续萎缩的脉冲量是促使该股见顶回落的重要条件。投资者只要看一下成交量每一次放大的程度，或者说是每一次萎缩的程度，就不难发现该股持续缩量的高位减仓时机了。

> **小提示**
>
> 头肩顶形态持续出现的过程中，不管成交量萎缩的形态是怎样的，持续萎缩的过程一定是不会发生变化的。否则的话，股价也绝不会轻易地形成头肩顶的顶部形态。作为股价见顶的复合形态，头肩顶形态持续的时间一般是比较长的。前期股价持续放量拉升的时候，巨大的成交量也可能在短时间内萎缩下来。这样一来，准确地判断成交量的运行趋势并且在量能萎缩到一定程度的时候减仓是非常不错的选择。前边所说的华纺股份、大元股份以及蓉胜超微的缩量趋势，如果从整体上来判断，其实还是非常容易的。

第二节　指标率先持续走坏

从成交量上看，投资者会发现持续萎缩的量能。从技术指标上来说，投资者同样会发现持续回落的指标。头肩顶形态的左肩形成的时候，指标基本上已经出现了短暂的回落迹象，并且不同于前期股价被拉升时的短暂回落走势。一旦左肩完成，技术指标的回落就会比较明显。像死叉信号之类的情况，通常都是在股价左肩形成的时候同步出现的。

在头肩顶形态的头部出现的时候，技术指标会出现短时间的回升走势。但是，指标的企稳回升的幅度绝不会轻易地超越前期指标的高位。指标在反弹的半路上夭折之后，指标与股价的背离走势就在短时间内出现了。考虑指标前期走坏与指标背离相互叠加的效应，投资者可选择的有利出货时机应该也就是在指标背离之后。

股价从头部缩量回落之后，跌幅必然超越前期左肩的跌幅，并且会达到左肩底部对应的价位。这样，投资者不得不在头部卖出一部分股票了。

右肩作为头肩顶形态的第二个顶部，是头肩顶形态的最后一个反弹机会。技

术指标在前期股价顶部出现背离走势后，右肩处指标会继续回落下来。背离已经
不是技术指标看跌的主要原因，技术指标回落至多空分界线以下才是投资者选择
清仓的最终理由。

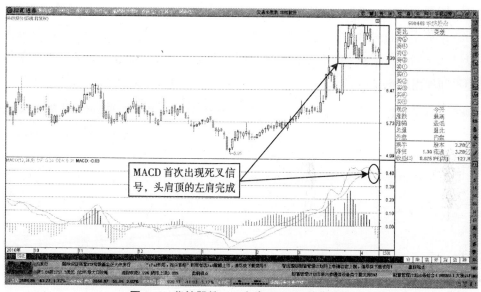

图3-4 华纺股份——左肩 MACD 首次死叉

如图 3-4 所示，华纺股份最初出现顶部回落的"左肩"时，MACD 指标在此

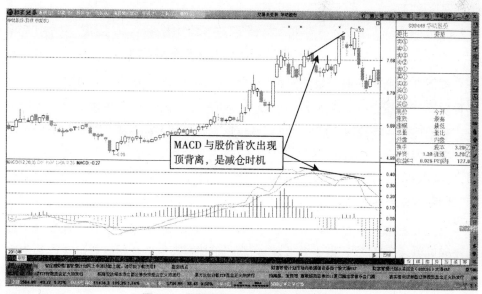

图3-5 华纺股份——头部 MACD 背离

时完成了死叉见顶信号。从 MACD 随着股价反弹以来的运行趋势看，该死叉还是首次出现。考虑到高位出现了死叉信号，短线的持股风险显然大增了。后期，至少从 MACD 指标上来看，肯定不会出现理想的指标走势了。

如图 3-5 所示，MACD 经过前期见顶回落的死叉形态，在头肩顶的"头部"回落走势中，促使 MACD 指标与股价的背离走势同步出现。背离的走势意味着股价再也不能在指标配合的前提下持续回升了。投资者持续看空的信号就这样持续不断地出现了。

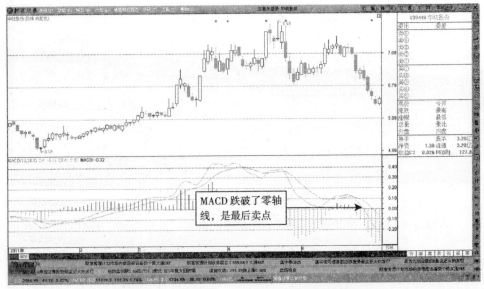

图 3-6　华纺股份——右肩 MACD 跌破零轴线

如图 3-6 所示，股价虽然出现了右肩附近的反弹走势，但是 MACD 指标已经回落至零轴线之上，牛市行情已经岌岌可危了。若投资者在这个时候开始减仓，恐怕还有一线获利的机会。该头肩顶形态一旦被轻松跌破，后期损失的扩大是不可挽回的。

小提示

以上几个例子中都提到了 MACD 指标，为什么非要用 MACD、KDJ、RSI 这些常用的技术指标呢？因为在实战运用中这些技术指标所起的作用是空前有效的。投资者如果能够熟练掌握这些技术指标，并且配合股价的量价关系，是能够很轻松保住投资收益的。

第三节　卖点逐步显现

从头肩顶形态来看，既然该顶部形态具备了明显的三个顶部，那么投资者选择出货的时机就应该在这三个顶部逐步兑现的时候，利用每一次股价反弹的机会减仓出货。

成交量在头肩顶形态出现的时候会逐步地萎缩。技术指标也会在这个时候出现同样的回落迹象。一旦这种持续回落的迹象不断明朗，投资者选择减仓的时机也就逐步出现了。

如果从头肩顶形态整体来看，投资者判断股价顶部最终能否完成还是要看股价是否跌破该头肩顶形态的颈线对应的价位。也就是说，股价跌破了头肩顶三个头部形态的最低点的那一刻，就是投资者减仓的最终机会。如果股价能够在跌破颈线之后出现回抽的走势，那也是个不错的机会。谨慎来看，在头肩顶形态完成之前，既然成交量与技术指标都已经开始走弱了，那么投资者不如提前减仓避险。

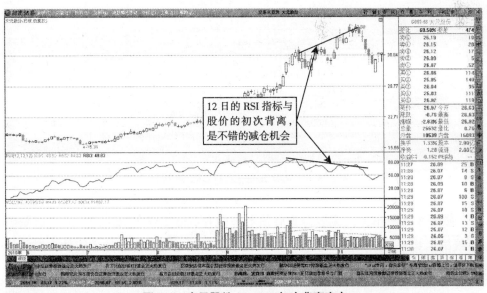

图 3-7　大元股份——RSI 初次背离卖点

如图 3-7 所示，大元股份的日 K 线中，该股在股价顶部震荡回升的过程中，虽然勉强创新高 43.90 元，但是如果看一下这个时候的 RSI 指标，就会发现提前出现的背离走势。在成交量持续萎缩的过程中，RSI 指标的首次背离走势表明股价的见顶回落将在不久之后出现。如果投资者对指标的背离视而不见的话，一旦该股不再创新高，那么下跌的速度将是空前的。

小提示

头肩顶形态的顶部其实是比较重要的一个见顶出货时机。技术指标在前期看跌以后，在短时间内出现的看跌信号就是投资者短线出货的重要时机。不管这种出货时机对投资者是否有利，都应该想办法抓住。一旦指标真的回落至多空分界线以下（RSI 指标为 50 线），那么再想出货就比较困难了。

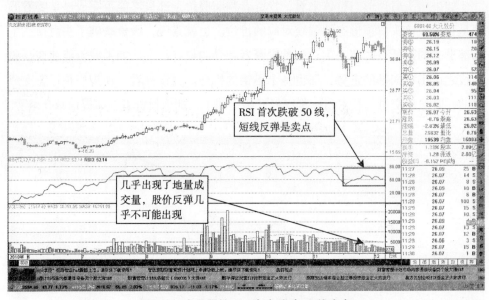

图 3-8　大元股份——右肩跌破 50 线卖点

如图 3-8 所示，大元股份头肩顶形态的右肩处出现了 RSI 指标的首次跌破 50 线的走势。从成交量上来看，该股几乎萎缩至地量状态显然不能够支撑股价在高位运行了。投资者如果这个时候再不减仓的话，持股风险将会大大地增加。

从该股持续缩量的时间看，几乎长达三个月的持续缩量状态，该股出现如此的上涨幅度已经是不易了。

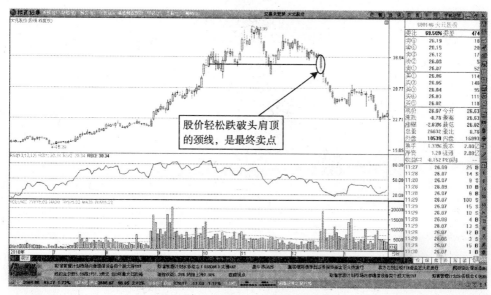

股价轻松跌破头肩顶的颈线，是最终卖点

图3-9 大元股份——跌破颈线卖点

如图3-9所示，从头肩顶整体的见顶趋势看，投资者最终能够选择的出货机会恐怕也就是股价顺利跌破颈线的那一刻了。该股不断走弱，如果不是颈线处的支撑，股价不可能维持这样长的震荡走势。既然股价已经在图中所示的位置顺利跌破了颈线，再继续持股就没什么意义了。至此，投资者选择出货的三个阶段也就非常的明朗化了。

本章小结

头肩顶形态见顶的时候，很多投资者可能并未意识到，该反转走势是一种极为常见的复杂顶部形态。该反转形态持续的时间比较长，造成的影响也比较大。相比单一顶部回落走势，或者是双顶回落走势，头肩顶形态其实更加不好对付。但如果投资者多加运用本章中介绍的关于量能萎缩与技术指标回落的卖点，还是能够避免损失的。

第四种方法　圆弧顶反转
——缓慢见顶可减仓

股价的圆弧顶反转形态的出现对股价今后的走势起到了非常大的作用。该反转走势持续的时间虽然比较长，并且顶部特征并不是非常明显，而一旦该股反转走势延续下去的话，对股价的打压力度将是空前的大。圆弧顶形态完成之后，股价的回落速度会不断地加速。投资者的减仓速度稍微慢一些将造成持续的投资损失。本章将从成交量、技术指标对股价的影响以及出货时间三个方面论述。相信投资者看完后能够有所收获。

第一节　无量拉升的圆弧顶

从成交量上来判断股价的圆弧形顶部，通常会看到与股价走势相反的量能变化趋势。股价企稳回升的初期阶段，成交量会出现短时间放大。但是，持续回升的股价，其上攻的速度越来越小。在成交量不断萎缩的情况下，股价终会在某一天出现缩量回落的走势。这个时候，股价已经处于相对高位的顶部了。成交量却出现了与前期截然相反的地量状态。股价的见顶与成交量的见底，预示着将要出现的反转走势。

从股价真的地量见顶，到股价持续回落至前期低点附近的走势来看，投资者就会发现这样一个事实，成交量在股价持续回落的过程中出现了放大迹象直到股价完成了"过山车"式的圆弧顶形态后，成交量出现了前高后低而中间萎缩的"大碗"形态，而对应的股价却是冲高回落的圆弧顶形态。在量价之间截然相反的变化趋势中，股价完成了圆弧形反转走势。如果投资者想要发现圆弧顶形态的话，从成交量上就能够清楚地预测出来了。

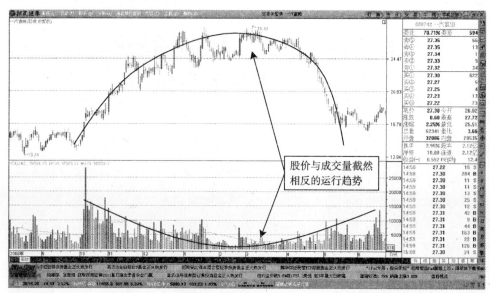

图4-1 一汽富维——圆弧顶与"大碗形"成交量

如图4-1所示，一汽富维的日K线中，该股显然出现了渐进式的冲高回落大圆弧顶走势。而成交量却出现了与股价截然相反的运行趋势。量能呈现出缓慢回落后持续回升的变化趋势。量价这种截然相反的变化趋势说明，主力前期短时

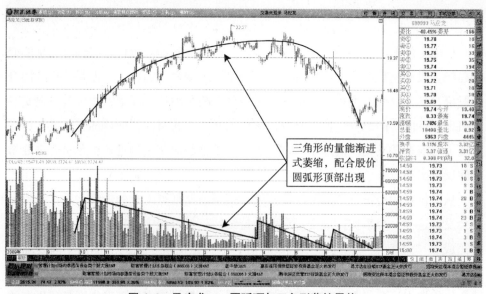

图4-2 马应龙——圆弧顶与三角形萎缩量能

间内大量建仓后，控制股票的力度达到了前所未有的高度。而随着主力途中不断地完成减仓动作，该股无量上涨的趋势终于转化为加速放量下跌的走势。

如图 4-2 所示，马应龙这只股票虽然也出现了圆弧顶形态，成交量却不同于前边所说的一汽富维。该股对应的成交量是按照放大后持续萎缩的趋势运行的。主力显然是在量能放大的阶段集中出货，股价的缩量回落自然是主力持续抛售的结果。圆弧顶形态就是在量能不断萎缩中出现的。把握该股量能持续萎缩的现实，投资者也就不难发现减仓时机了。

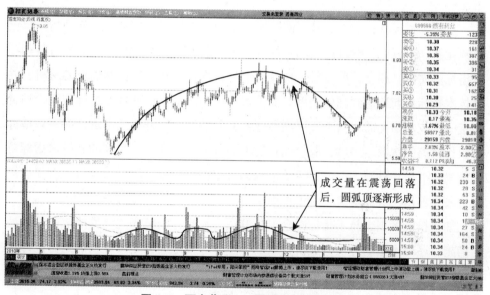

成交量在震荡回落后，圆弧顶逐渐形成

图 4-3　西南药业——圆弧顶与持续缩量

如图 4-3 所示，西南药业见顶回落的圆弧顶形态，回落的机会出现在量能快速萎缩的那一刻。该股前期震荡冲高的过程中，成交量也曾经出现过萎缩，但是并不严重。震荡完成圆弧顶的时候，股价破位下跌的那一刻才出现量能的大幅度萎缩。

🗨 小提示

个股出现圆弧顶形态的时候，之所以量能的变化趋势不同，是因为主力出货的时机是不一样的。如果主力出货的过程是持续进行的，那么股价很可能在持续缩量中出现圆弧顶的形态。而股价顶部集中出货的时候，圆弧顶很可能是顶部放量而缩量下跌的走势。不管怎么样，圆弧顶形态完成之后，股价重新回落至起涨点之时，说明散户与主力都已经完成了出货。圆弧顶形态出现在这个时候，是投资者减仓的表现。

第二节　持续回落的指标

从技术指标看，前期突破上涨的股价虽然沿着均线震荡上行，但是指标早已经钝化了。可以说，股价持续回升并且冲高至圆弧顶部的过程中，并没有得到技术指标的支持。相反，股价每一次冲高都是技术指标从高位回落的重要时机，并且技术指标在前期达到高位之后，股价每一次冲高都会出现技术指标与股价的背离走向。技术指标的一次背离可能不会对股价的持续回升造成影响，而一旦指标与股价背离的次数过多后，股价就真的不能够再创新高了。特别的，技术指标持续背离向下后，跌破多空分界线的那一刻将是投资者减仓的最后时机。即便后期股价还能够出现反弹走势，恐怕也很难达到或者超越前期高位的水平。

如果投资者根据技术指标减仓出货的话，在指标跌破多空分界线之前采取减仓措施，还是不错的方法。股价在跌破多空分界线之前会延续震荡的走势，即便不创新高，也不会出现太大的跌幅。而一旦跌破了多空分界线，股价就大幅度回落了。投资者不减仓的话，必然会损失巨大了。

零轴线与50线是多数指标的多空分界线，例如MACD指标的零轴线，KDJ、RSI指标的50线等。指标跌破多空分界线的时候，就是投资者选择减仓的时机了。

如图4-4所示，一汽富维的日K线中，该股在图中出现了比较明显的震荡回落走势。与此同时，对应的KDJ指标也出现了比较大的回落迹象。这样看来，MACD指标的提前见顶显然预示着股价的震荡回落走势出现了。适当地把握住该KDJ指标的首次大幅度回落机会，投资者就可以顺利减少损失了。

如图4-5所示，MACD指标的大幅度回落的时机其实更早。图中标注的位置为股价大幅度拉升之后该指标首次回落的起点。后市股价持续震荡拉升的过程中，由于MACD指标不能够及时放大配合，致使该股最终见顶了。适当地减少仓位还是很有利于投资者将利润落袋为安的。

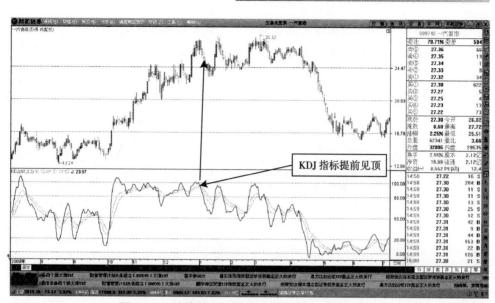

图 4-4 一汽富维——早已见顶的 KDJ（60，3，3）

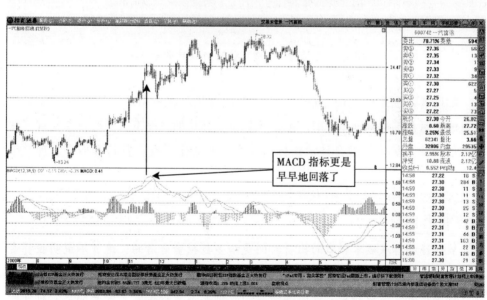

图 4-5 一汽富维——持续回落的 MACD

小提示

　技术指标只是在股价初次被拉升的时候出现了飙升，而不久就开始了回落走势。这从一个侧面说明，主力并没有在股价拉升过程中施展更为强大的能力。短时间拉升之后，主力已经在暗中减仓出货了。散户只有了解到这种趋势，才能够在股价渐进式的见顶过程中与主力同时完成减仓的动作。

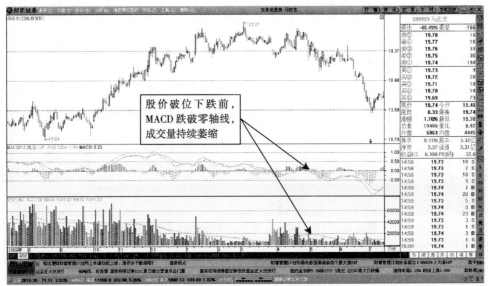

图4-6　马应龙——成交量与 MACD 同步走坏

如图4-6所示，马应龙最终破位下跌的开始是在 MACD 指标跌破了零轴线并且成交量几乎达到地量之时。股价无量维持高位的情况下，该股自然出现了比较大的回落走势了。综合技术指标与成交量的变化，投资者其实不难发现这个卖点。

小提示

MACD 指标跌破零轴线的出货时间是给多数投资者看的，这并不说明投资者就应该真的等待指标跌破了零轴线再考虑减仓出货。在股价没有真的下跌前，即便不会给投资者造成损失，长时间滞涨的股价也不能给投资者带来相应的投资回报。因此，投资者应该在指标跌破零轴线之前就开始逐步减仓了。

第三节　理想的出货时机

　　鉴于个股出现圆弧顶反转走势的时候，顶部呈现出圆弧状的反转走势。投资者在选择出货时机的时候，当然是最好在股价的圆弧的最高位减仓了。而股价的最高位其实是不容易被发现的。因为多空双方的争夺在股价处于顶部阶段时是非常激烈的。无量状态中的短时间放量拉升股价的走势仍然可以导致股价出现反转形态的最高价。

　　从出货时机的选择上看，投资者可以在股价无量见顶的时候持续减仓。当然也可以在股价跌破顶部的那一刻减仓。鉴于圆弧顶部只是个缓慢反转的走势，并无真正的反转形态出现，投资者在股价缓慢回落的过程中就应该逐步减仓了。如果想要发现比较明确的减仓时机，投资者可以在技术指标跌破多空分界线的时候开始。

　　圆弧顶其实并没有明确的所谓"颈线"。如果非要选择一个最终跌破颈线的时机，投资者可以把颈线定在股价最后一波拉升的起点上。如果股价跌破这一起

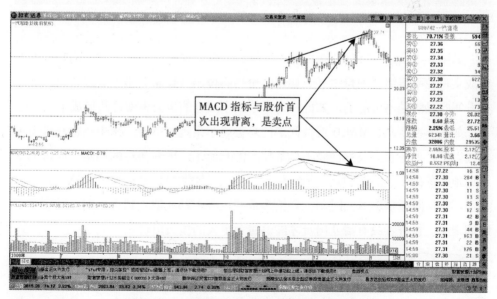

图 4-7　一汽富维——MACD 的首次背离卖点

点，就是最终的出货时机了。

如图 4-7 所示，一汽富维在见顶回落之前首次出现了 MACD 指标的背离走势。指标的首次回落具有很大的欺骗性，而背离之后，表明股价真的要见顶回落了。首次减仓在这个时刻，应该是不错的获利机会。后期即便股价仍旧能够维持高位运行的态势，恐怕也难以有出色的表现了。

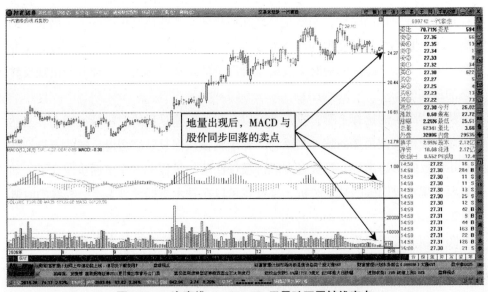

地量出现后，MACD 与股价同步回落的卖点

图 4-8　一汽富维——MACD 无量跌至零轴线卖点

如图 4-8 所示，MACD 指标持续不断地回落，最终达到了零轴线附近，而此时成交量几乎萎缩至地量水平。如此的价格高位出现地量，难不成股价可以无量拉升吗？显然是不可能的。如此一来，第二个减仓的机会也就自然形成了。

如图 4-9 所示，MACD 持续回落的趋势终于出现了突破。图中指标跌破至零轴线以下，说明多方显然已经不具备拉升的意愿了。随着指标的回落，股价加快了见顶回落的步伐。图中该股持续放量下跌，说明散户已经在恐慌中持续抛售股票了。指标跌破零轴线的时刻，恐怕多数的投资者都能够见到这种明显的破位下跌的走势。投资者只有清仓出货才能够避免更大的损失出现。

小提示

个股众多的出货时机，如果从技术指标上来看，持续的减仓机会应该是：指

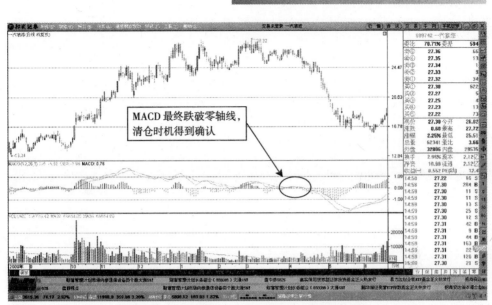

图 4-9　一汽富维——MACD 最终跌破零轴卖点

标的死叉信号——指标的背离走势——指标的二次背离走势——指标跌破多空分界线的时刻。如果投资者能够把握，便可以减仓在损失扩大以前了。

本章小结

圆弧顶反转形态是投资者比较难以把握出货时机的见顶形态。该形态一旦缓慢出现，投资者应该想办法挑选出货时机。股价持续回落的走势会在量能无以为继的时候延续下来。判断圆弧顶的重要一点就是要把握住股价与成交量的弱势走势。一个"弱"字，就能够轻松描述出股价的圆弧顶走势了。

第五种方法 岛形顶部反转
——缺口确定可以清仓

岛形反转走势出现在股价短时间大幅度拉升后不久。显著的顶部K线见顶形态以及股价快速缩量回落的走势都是该顶部反转形态的特征。要想避免股价顶部岛形反转造成的投资损失，减仓速度就必须惊人的快速。这样一来，想方设法抓住岛形顶部的卖点，并且第一时间将大量股票抛售出去，成为本章的重点关注内容。

第一节 天量见顶的岛形顶部

岛形反转形态往往是以见顶回落的K线形态开始的。见顶回落的K线形态中，有常见的跳空十字星、棒槌线、倒锤子线等。这些当天冲高回落的K线，表明股价持续回升的走势在一天内就发生了比较明显的反转。主力在这些见顶K线形成的过程中充当了打压股价的角色。巨大的成交量出现在主力拉升股价至高位的时候，在散户接盘与主力抛售股票双重作用下，导致天量见顶的K线形态在短时间内出现。

天量见顶的K线形态出现之后，散户在见顶K线形成的过程中高位接受主力抛售的股票。大量散户当天就被套牢，股价的见顶回落当然会突然而至了。如果成交量足够大，说明主力短短一天内的出货量是非常大的，对应的被套牢的散户数量也是比较多的。投资者减仓的话，还是能够避免很大的损失的。没有主力控盘，而只有散户盘中大幅度被套牢，可想而知股价会出现什么样的走势了。

岛形反转走势就出现在主力高调拉升股价出货而散户高位接盘之后。天量见顶的 K 线形态出现在岛形反转的顶部也就不足为奇了。可以说，岛形反转走势出现前，判断的唯一标志就是天量见顶的 K 线了。如果股价在天量见顶之后跳空回落，与前期跳空见顶的 K 线完成岛形顶部，那么持续看空将会持续下来。

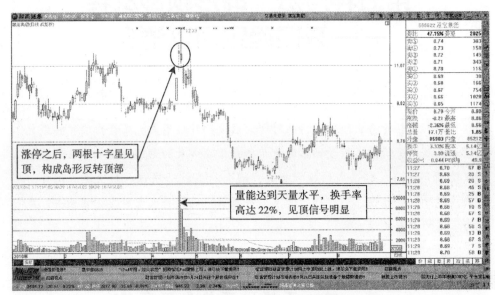

图 5-1　嘉宝集团——天量见顶岛形顶部

如图 5-1 所示，嘉宝集团在利好消息的刺激下出现了一个小幅放量的涨停板。而由于利好消息影响有限，该股第二天就出现了天量跳空见顶的十字星形态。第三天该股完成第二个十字星形态后，双十字星促使该股岛形顶部最终形成了。换手率高达 22% 的十字星见顶形态配合股价大幅度跳空回落的走势，该股的岛形反转在短时间内出现。投资者想要避免损失，显然应该在岛形反转形成的过程中快速出货。

小提示

换手的高低表明投资者参与个股买卖的程度如何。较大的换手率出现在股价的顶部，说明股票大量完成了换手。见顶回落的个股通常都是换手率见顶的结果。嘉宝集团见顶的时候，两根十字星出现的两天里总的换手率高达 38%。如此高的换手率，主力很容易将手中的筹码出售出去。判断股价已经是跳空十字星的顶部了，在该股跳空下跌后是比较明显的出货时机。

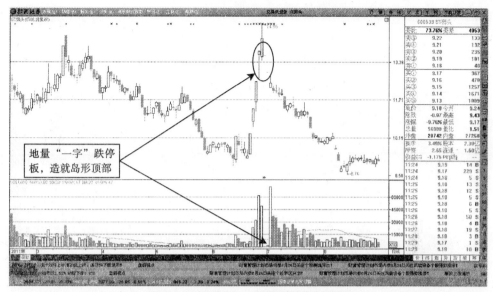

图 5-2　ST 狮头——地量跌停岛形顶部

如图 5-2 所示，从成交量上来看，ST 狮头的日 K 线中出现了连续两天的无量跌停板走势。这种趋势显然促使该股出现了跳空下跌的走势。因为岛形反转的兑现，该股短时间内就进入到深幅见底的趋势中。见到这种大涨后的快速跳空回落的岛形反转走势，投资者需要尽快地减仓才可以顺利逃顶。

小提示

ST 狮头前期大幅度拉升的时候，还是以 10% 的速度涨停。而回落的阶段就变为 5% 的跌停幅度了。实际上，该股持续亏损的业绩使得交易所不得不对其特别对待了。变为 ST 类股票之后，投资者就会发现，在该股上投资的风险还是非常大的。该股大幅度冲高后持续回落，表明该股持续看跌。

如图 5-3 所示，深华发 A 的见顶回落的开始是源于该股放量跳空上涨之后的一根棒槌线形态。本来多方是想拉升股价急速上涨的，但是在抛盘压力大增的前提下，该股以棒槌线回落的方式见顶了。之后该股跳空回落，形成了股价顶部的岛形反转走势。这样，投资者的减仓时机就出现了。放量见顶又快速萎缩的量能显然表明股价短时间走弱的趋势。不持续减仓的话，投资者的损失必然会更大。

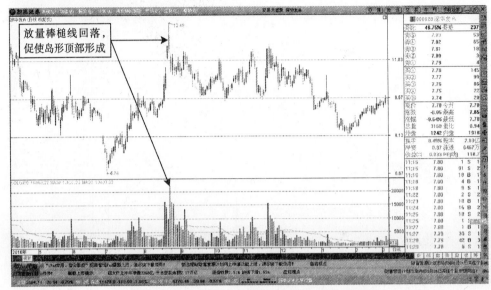

放量棒槌线回落，促使岛形顶部形成

图 5-3　深华发 A——放量棒槌见顶的岛形反转

第二节　指标快速看跌的形态

不管股价岛形反转走势出现在牛市行情的顶部，还是出现在股价反弹的中途，后期个股见顶回落的走势几乎毫无疑问地会出现。而从技术指标上来看，股价也同样会出现快速的回落走势。

岛形顶部完成之后，股价大幅度跳空上涨后的方向就确定了。继续跳空回落的股价会促使技术指标从高位以快速跳水的方式回落。投资者发现指标回落的走势其实并不难，即便是那些比较迟钝的技术指标，同样会在岛形顶部完成之后，短时间内就会出现。只是从减仓时机的判断上来看，根据技术指标来考虑减仓时机有时候是比较缓慢的，并不能够达到快速出货的目的。

死叉见顶形态作为技术指标常见的反转形态，多数投资者都能够准确判断。而指标的顶部背离走势、指标复杂形态被跌破的时候，同样也是不错的减仓时机。并且，这些顶部形态很可能比死叉信号更为超前。投资者能够灵活运用的话，必然可以避免投资损失扩大。

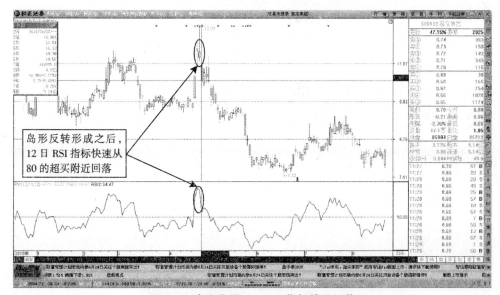

岛形反转形成之后，12日RSI指标快速从80的超买附近回落

图 5-4　嘉宝集团——RSI 指标快速回落

如图 5-4 所示，股价在图中出现了较明确的岛形反转形态后，对应的 12 日 RSI 指标从 80 以上快速回落了下来，显然是投资者短线出货的较好机会了。如果不是该股的真正顶部，该股也不会出现如此大的下跌幅度。既然指标已经见顶回落，那么后市还有进一步下跌空间。超买后的 RSI 指标有望成为该股持续回落

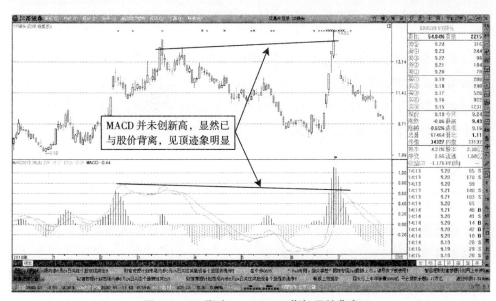

MACD 并未创新高，显然已与股价背离，见顶迹象明显

图 5-5　ST 狮头——MACD 指标显然背离

的重要转折点。

　　如图 5-5 所示，ST 狮头见顶的过程，是源于该股暴涨后突破前期高位，而 MACD 指标却没有达到相应的高度。两者之间的背离走势预示着该股的短线顶部出现。事实也是如此，该股创新高的第一天，因为 MACD 指标与股价的背离走势导致了该股顶部的快速出现。

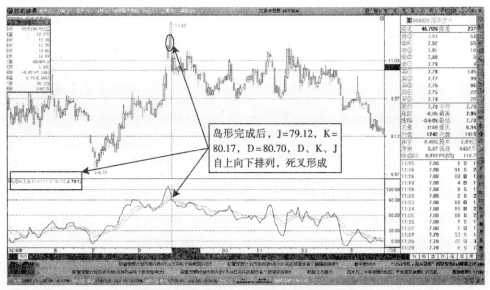

岛形完成后，J=79.12，K=80.17，D=80.70，D、K、J 自上向下排列，死叉形成

图 5-6　深华发 A——KDJ 死叉在高位出现

　　如图 5-6 所示，深华发 A 的日 K 线中，KDJ（60，3，3）在该股岛形反转出现的第一天就完成了死叉信号。图中显示的 K、D、J 三者的数值显示，J 线显然已经向下穿越了 K 线和 D 线，而 K 线也同一时间向下穿越了 D 线，死叉信号由此出现。KDJ 指标的见顶意味着股价的反转将延续下来。

小提示

　　从技术指标上来看，判断股价是否已经走弱，需要投资者仔细观察指标的前提下分析指标的数值，才能够得出相应的死叉信号，从而为减仓做好准备。上边深华发 A 这个例子就很能说明问题。

第三节　减仓在突破性缺口出现之时

　　岛形反转走势出现在持续拉升的股价顶部。而岛形顶部的出现是以跳空上涨的K线形态开始的。股价跳空上涨之后，顶部持续的时间不过几日，股价就会向着反方向跳空回落。而投资者根据股价走势判断减仓时机的话，也就是在股价跳空回落的缺口出现之时了。既然股价朝两个方向的跳空均已经形成，那么拉升失败的股价反向回落当然成为投资者减仓的时机了。

　　在股价跳空回落之后选择出货的话，可能一部分岛形顶部套牢的投资者会出现更大的投资损失。而如果根据K线的变化趋势来选择适当的减仓时机的话，投资者就可以轻松地避免这种损失持续扩大了。股价在岛形顶部出现的缩量回落、天量见顶的走势，显然能够给投资者提供不错的减仓信号。把握住这些股价的顶部信息并且适当减仓的话，显然可以避免损失扩大。

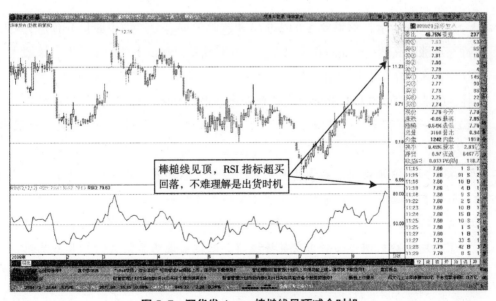

图 5-7　深华发 A——棒槌线见顶减仓时机

　　如图 5-7 所示，深华发 A 在持续冲高后拉升出涨停板，而第二天的跳空上涨后回落的棒槌线成为该股反转前的第一个真实有效卖点。显然，短时间看来，棒槌线与前期的涨停板大阳线形成的乌云罩顶形态是大跌的开始，也是投资者首次出货的最佳时机。

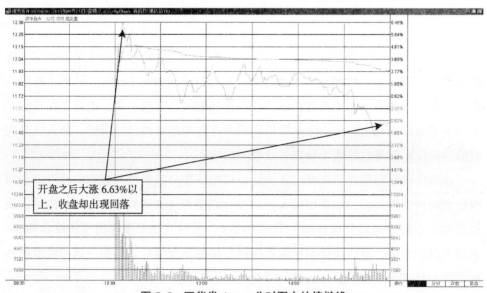

开盘之后大涨 6.63% 以上，收盘却出现回落

图 5-8　深华发 A——分时图中的棒槌线

如图 5-8 所示，深华发 A 的棒槌线出现的时候，分时图中股价开盘后大幅度冲高至涨幅高达 6.63% 的高位，而收盘的时候却出现了下跌。很显然，该股大幅暴量冲高后在盘中的回落套牢了多数散户。收盘前，投资者就能够预料到该股的棒槌线形态了。在该棒槌收盘前减仓，将是比较理想的机会。

小提示

从分时图中寻找理想的出货时机对于经常看盘的投资者来讲还是相当重要的。股价在分时图中的走势预示股价日 K 线形态发展。如果判断 K 线形态基本上是看空的话，投资者可以在分时图中及时减仓，以免第二天遭受更大的投资损失。深华发 A 分时图中即将出现的棒槌线，就提前表明了该股的日 K 线的形态了。收盘前减仓，避险相当容易。

如图 5-9 所示，深华发 A 第二天跳空回落后，完成了岛形顶部形态。减仓的明显机会就在该岛形反转出现之时。从成交量上看，出现缩量下跌的阴线也表明了该股的顶部特征。投资者脱离该股顶部的最佳时机就在这个时刻。

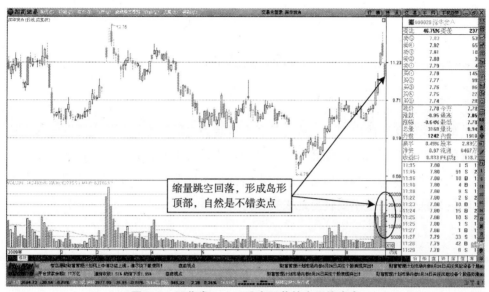

图 5-9　深华发 A——跳空回落的大阴线卖点

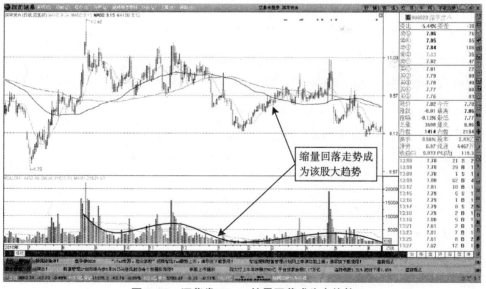

图 5-10　深华发 A——缩量回落成为大趋势

如图 5-10 所示，从后期该股缩量下跌的大趋势来看，股价持续回落的起点正是出现在前期的岛形反转的顶部完成之时。投资者只是从成交量上来看，就不难理解为何该股会出现如此长时间的回落了。长时间缩量，短时间放量，不可能促使该股见底回升。

本章小结

　　岛形反转走势的出现，一般都是多方有意为之的行为。股价之所以出现见顶回落的走势，多方快速出货套牢了众多的散户是其主要的原因。投资者只要看一下天量见顶、换手率创近期新高、技术指标快速回落，只要出现这些明显的岛形反转的看跌信息，就不要轻易地去高位持有股票。

第六种方法 三角形顶部反转
——形态完成前减持

　　股价在顶部出现三角形的顶部形态，其实是成交量不能维持放大状态，多方拉升力量贫乏的结果。投资者如果想要获得相应的投资回报，应该避免在三角形顶部出现的时候持有股票。持续缩量后出现的三角形顶部形态必然是以快速回落结尾的。把握该形态的减仓时机与出货位置，是投资者保住利润的关键。本章从成交量的持续萎缩状态、技术指标的持续背离两个方面来阐述三角形顶部的减仓时机，相信投资者能够从中受益。

第一节 无量维持的三角形顶

　　股价出现三角形顶部是有一个前提的，那就是前期多方放量拉升股价的趋势早已经完成了，并且从股价前期上涨的幅度来看，股价已经出现了放量大涨的走势。多方力量之所以穷尽，与前期股价的持续大涨是分不开的。大涨的股价，空方不断地占据市场的主动权。无量拉升的情况下，空方终究会占据主动的。股价的无量回落，就在持续缩量的三角形完成之后出现。

　　从成交量上来判断，无量维持的三角形顶部形态其实就是主力提前完成了出货的动作，而散户却不死心，在股价短线回落之后，不断地抄底买入股票，导致股价持续反弹走势的出现。散户持续抄底买入股票的力度不断减小的过程中，股价形成了震荡幅度不断收窄的三角形顶部形态。这样，股价见顶回落的破位下跌走势就在最后一波散户资金进入个股后短时间内出现了。

　　一旦三角形顶部被顺利跌破，那么股价的持续缩量回落将长时间地延续。中途没有量能的放大的话，就算是短线反弹的走势恐怕也是很难出现的。投资者减仓出货在三角形调整的高位，并且最终清仓在量能萎缩至等量线以下，显然是明智的做法。

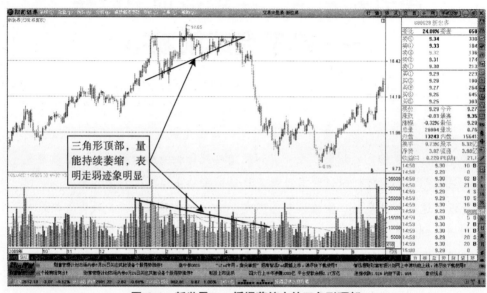

图 6-1　新世界——缓慢萎缩中的三角形顶部

如图 6-1 所示，新世界的日 K 线中，股价在顶部出现三角形顶的时候，成交量随即出现了持续的萎缩。在几乎达四个月的时间里，该股终究因为成交量无以为继出现了持续见顶的回落走势。

如图 6-2 所示，大恒科技见顶的形态，同样是缩量中形成的三角形。该三角形持续的时间也与前边所说的新世界相似。只是从成交量上看，量能萎缩的迹象更为明显一些。股价持续走弱，投资者显然不能冒险持有股票了。

小提示

成交量持续萎缩的变化，不仅出现在三角形顶部形态中，对于多数见顶回落的顶部形态都是会出现这样的持续缩量的变化趋势。很多投资者不是不能够发现这一缩量的过程，而是将更多的时间放在了考虑赚取股价反弹差价的问题上了。但是，股价真的见顶回落的时候，又不肯第一时间出货，才是造成损失进一步扩大的原因。对于上例大恒科技的走势，持续近四个月的三角形调整走势显然足够投资者完成出货的动作了。

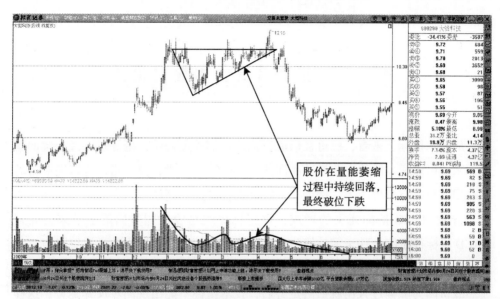

图 6-2　大恒科技——标准缩量三角形顶

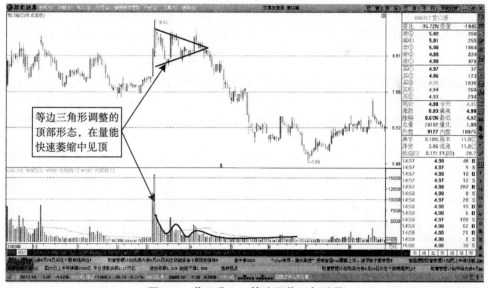

图 6-3　营口港——等边回落三角形顶

　　如图 6-3 所示，营口港在两根大阳线之后出现了持续的等边三角形调整的顶部。虽然跌幅不大，但成交量萎缩的幅度却是前所未有的。如此萎缩的量能，不出现股价的持续回落都是不现实的。在三角形顶部完成之前减仓出货是有效的避险方法。

第二节　指标背离预示股价顶部

　　从技术指标上来看，股价在形成三角形顶部的过程中，指标早已经持续回落了下来。可以说，股价在前期冲高回落之后的第一阶段，技术指标也跟随股价的下跌回落至多空分界线上。例如，MACD 指标在达到高位之后，股价见顶回落的走势导致 MACD 指标死叉的形成，该指标短线与股价同步回落了下来，并且MACD 指标很可能会跌至零轴线附近。即便股价短时间内反弹并且持续形成三角形的顶部形态，MACD 的反弹幅度也是非常有限的。

　　股价因为涨幅过大出现回落走势后，技术指标不能出现同步反弹走势，这样技术指标与股价在顶部形成的背离走势就率先预示了股价今后的下跌，并且从指标与股价背离的次数来看，背离的次数越多，股价下跌的幅度也会越大，投资者减仓的措施如果不及时，必然造成更大的投资损失。在三角形调整走势持续的过程中，股价虽然没有创新低，但是也同样没有突破股价前期的高位。投资者如果不及时减少持股数量，必然在股价跌破三角形的时候损失惨重。

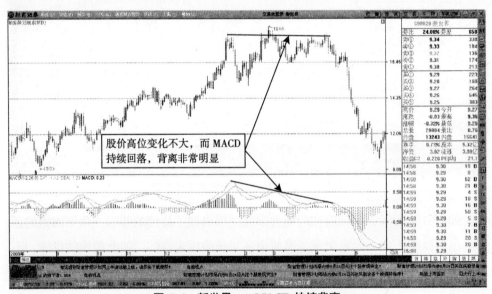

图 6-4　新世界——MACD 持续背离

如图 6-4 所示，新世界的日 K 线中，股价在图中出现了震荡调整的三角形顶部形态。而对应的 MACD 指标也出现了持续的回落走势。从股价震荡调整的高位来看，几乎是相同的，而 MACD 指标却从高位持续回落至零轴附近。很显然，指标与股价出现了持久的背离。卖点显然就这样不知不觉地出现了。该股之所以没有持续创新高，也就是在等待调整完毕后开始大幅度跳水的走势。散户唯有提前减仓才能够避免损失。

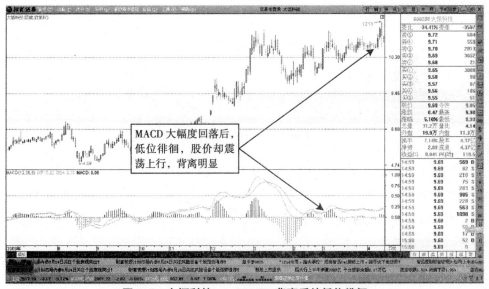

图 6-5　大恒科技——MACD 背离后的低位徘徊

如图 6-5 所示，大恒科技大幅度回落后出现了持续回升的走势，并且该股最终超越了前期的高位，但是对应的 MACD 指标却在低位持续地徘徊着。如此明显的背离走势，如果投资者提前注意到的话，绝不会错失减仓出货的机会。

小提示

技术指标提前见顶后，在底部多空分界线调整过程中，之后真正的运行方向是不明朗的。即便股价持续反弹，但没能拉升指标同步回升的个股也是不值得追涨的。本例当中，MACD 指标持续在零轴线附近横盘调整，等待的不是后期大涨后继续拉升指标至高位，而是股价回落之时，指标与股价同步下跌的走势。

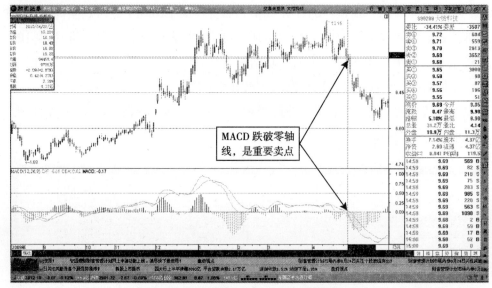

图 6-6　大恒科技——MACD 跌破零轴卖点

　　如图 6-6 所示，大恒科技跌破三角形的重要卖点就出现在 MACD 指标跌破零轴线的那一刻。股价与技术指标不断持续回落，表明市场的滞涨局面已经没有了，而股价轻松地转变为持续回落的熊市行情。该股卖点的出现也就是在指标与股价持续背离后。

第三节　快速破位应该减仓

　　调整形态持续的时间越长，股价跌破调整形态后对投资者造成的损失将会更大。当个股顶部三角形调整的顶部被顺利跌破之后，投资者应该想方设法地减少持股的数量。

　　在针对个股的三角形调整走势持续的时间，投资者选择恰当的出货时机要比盲目地持股效果好得多。破位下跌的三角形出现的时机是难以准确揣测的。即便是在股价跌破三角形顶部的前一天，多方很可能还在短线拉升股价至高位。成交量的短时间放大不足以改变三角形作为顶部的本质。从持仓水平上来看，投资者应该尽量逐步完成减仓操作。盲目地等待股价跌破三角形顶部或者是等待更好的出货时机都是非常不恰当的。早已经进入到三角形调整走势的个股，不大可能给投资者提供更多的盈利机会，造成投资损失的陷阱却随时都可能会出现。

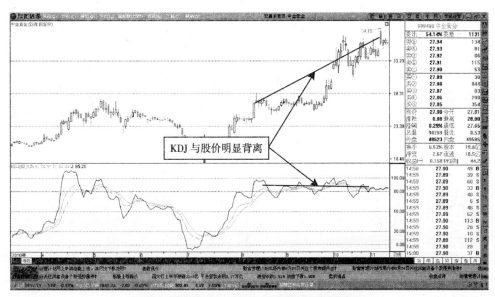

图 6-7 中金黄金——KDJ 与股价持续背离卖点

如图 6-7 所示，中金黄金的日 K 线中，股价虽然大幅度冲高并且出现横盘调整的走势，但是从 KDJ 指标来看，却没有相应出现较大的拉升走势，相反的，KDJ（60，3，3）与股价出现了长期背离现象。如此看来，该股能够在该三角形顶部出现突破上涨的走势显然还是个未知数。减仓时机由此出现了。

小提示

KDJ 指标是有震荡幅度的限制的，最高不会超过 100，而最低不会跌破0。这样在实际运用的过程中，投资者如果发现 KDJ 指标已经冲高至 80 附近的话，之后股价再次大涨的过程中很可能出现指标与股价的背离走势。80 附近已经算是超买了，股价的持续冲高或者顶部不断调整的时候，只是在为 KDJ 的见顶创造条件。一旦股价与 KDJ 同步回落，长期跌势将会不可避免地出现。

如图 6-8 所示，中金黄金三角形调整形态中，一根跳空回落的大阴线显示了该股上方的抛售压力还是相当大的。据此判断，第二个减仓机会就在此时了。随

着成交量的进一步萎缩，该股显然是不具备冲高的条件的。减仓避险才是正确
选择。

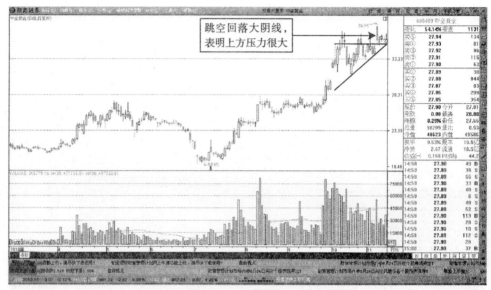

图 6-8　中金黄金——跳空回落的大阴线

　　如图 6-9 所示，中金黄金出现大阴线跌破三角形顶部的现象是投资者最终的
清仓机会。前期没有减仓的投资者到目前可能还没有太大的投资损失，而此时股

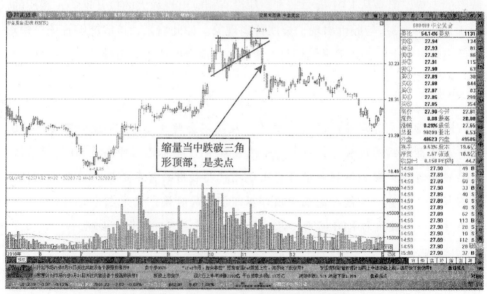

图 6-9　中金黄金——跌破三角形卖点

价跌破了三角形顶部，对投资者造成的冲击是相当大了。

本章小结

　　三角形调整形态出现的时机经常是在股价拉升的过程中。个股顶部出现这种持续缩量见顶的形态是非常值得投资者关注的。该形态简单，个股容易出现这种走势。缩量当中的三角形调整形态通常也是以大幅度回落收尾的。认识到这一点，投资者就不会在三角形调整形态出现的时候盲目持股或者追涨了。

第七种方法　菱形顶部反转
——弱势破位下跌减仓

菱形调整走势出现的时候，多空双方其实是处在无序状态中，各自都不能掌握股价运行趋势的控制权。在某一个范围内，股价不停地大幅度波动着。最终，股价会在震荡幅度持续萎缩的时候出现比较大的回落走势。投资者要想在多空争夺激烈的菱形调整走势中发现比较重要的出货时机，还应该了解本章所介绍的量价变化的关系、指标调整的趋势，这样便能够很好地把握减仓出货的时机了。

第一节　量价同时回调走势

成为顶部形态的菱形调整走势，对应的股价是振幅不断加大后萎缩的趋势。此时成交量的变化也会是这种趋势，或者说，成交量也可能在菱形调整形态逐步出现的时候呈现出比较明显的持续萎缩走势。

股票在前期持续回升的过程中出现了震荡幅度不断增大的运行趋势，此时股价正在完成菱形调整的左半部分形态——持续放大的三角形（或者说放大的喇叭口）形态，该形态的出现，主要是多方残余势力的不断抄底促使股价不断在低位企稳回升。

而菱形调整形态的放大的三角形完成之后，多方的拉升力量逐步减退，空方则占据了市场的主动。在股价反弹至短线的高位之后，出现了震荡回落的调整中的缩量三角形。既然持续缩量菱形调整走势已经呈现了，那么投资者在此期间不断地减仓才是比较明智的做法。

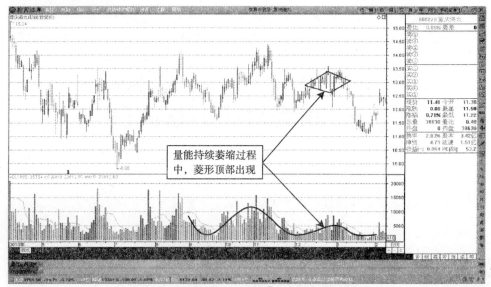

图 7-1　重庆港九——持续缩量的菱形顶部

如图 7-1 所示，重庆港九的日 K 线中，该股出现菱形顶部的时候正好是股价缩量见顶的时候。菱形出现的时间比较短暂，成交量无法维持在放量状态的情况下，菱形顶终于完成了。减仓在量能如此持续萎缩的菱形顶部，当然是不错的减仓机会了。

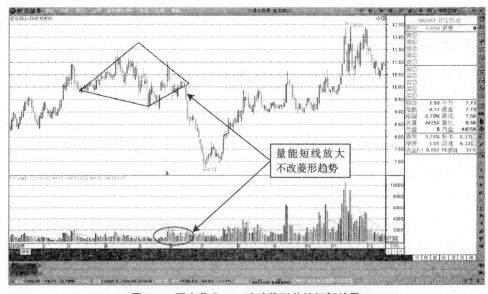

图 7-2　亚宝药业——跌破菱形前的短暂放量

如图 7-2 所示，亚宝药业的菱形顶部中，股价还未真正跌破菱形顶部，量能却出现了短时间的放大。很显然，出现在弱势当中的放大的成交量，并且在股价的震荡幅度如此之大的前提下，显然是主力表面拉升股价，暗中将筹码卖出导致该股出现如此走势。

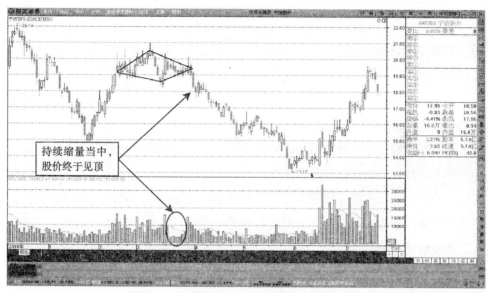

持续缩量当中，股价终于见顶

图 7-3　宁波韵升——持续缩量中的破位下跌

如图 7-3 所示，宁波韵升的日 K 线中，菱形调整完成一半的时候出现相当明显的缩量调整走势。在量能无法维持在等量线以上的前提下，该股最终完成了菱形顶部。股价之后持续缩量回落，跌破了菱形顶部。

小提示

菱形顶部作为股价反转的重要时机，一定是在缩量中持续见顶的。股价虽然还在菱形调整的过程中延续着，没有成交量维持股价高位运行的前提下，破位下跌的走势是早晚的事情。宁波韵升的菱形顶部出现了持续短线快速萎缩的量能之后，该股的菱形顶部形态就加速完成了。投资者减仓持股的机会也就是从这个时候开始了。

第二节 指标早已弱势调整

菱形调整形态出现的过程中，技术指标的变化与股价的运行趋势是非常吻合的。甚至技术指标会先于股票出现见顶回落的信号。投资者率先发现减仓时机并且及时止损的信号就在指标见顶回落之时。

菱形顶部形成的前期，股价震荡向上的趋势基本上未发生太大的变化。股价虽然短线不断地回落，但是却不断地在底部获得支撑，最终形成了不断放大的三角形形态。多空双方争夺的僵局在短时间内并未分出胜负。但是，股价波动幅度不断放大的时候，空方的抛售压力就大大增加了。最终空方抛售力度持续超过多方后，股价震荡回落的走势成为必然。技术指标的看空信号就出现在股价震荡幅度扩大，并且从放大的三角形顶部回落的时候。

而菱形顶部的后半部分，也就是震荡幅度不断收缩、缩量三角形形态出现的时刻，指标基本上是与股价同步回落的。并且，股价最终成功跌破了菱形的那一刻，就是投资者减仓的时机了。

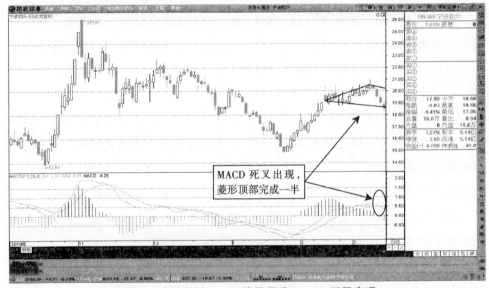

图 7-4 宁波韵升——短线见顶后 MACD 死叉出现

如图 7-4 所示，宁波韵升的日 K 线中，菱形顶部刚刚完成一半的时候，MACD 成功形成了死叉见顶信号。这样，该股持续见顶的走势就会在今后出现了。MACD 在零轴附近出现死叉信号，意味着股价将不可避免地走弱。

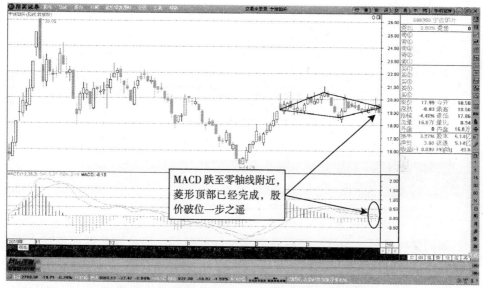

图 7-5　宁波韵升——股价与 MACD 同步调整到位

如图 7-5 所示，宁波韵升的菱形顶部显然是形成了。而 MACD 指标在这个时候已经从前期的死叉形态持续调整至零轴线。走弱的过程中，该股显然是不大可能会出现持续回升走势了。短线卖出该股的话，还是有望避免损失出现的。

小提示

菱形调整走势出现的过程，其实也就是 MACD 指标持续走坏的过程。如果 MACD 指标还未成功跌破零轴线，却已经在零轴线之上持续回落的话，今后指标跌破零轴线的走势也只是时间的问题。宁波韵升的日 K 线走势图中，MACD 指标持续回落至零轴线之后，已经表明该股菱形调整走势不断地出现了。投资者在操作上只能够以减仓为主，不然必然遭受更大的损失。MACD 指标前期在零轴线之上完成了死叉形态，持续回落至零轴线以下就是时间问题。

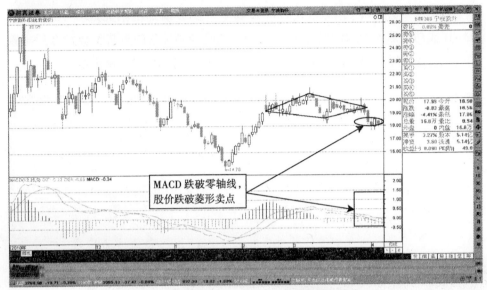

图7-6　宁波韵升——MACD跌破零轴线卖点

如图7-6所示，MACD指标跌破零轴线的时候，股价同步跌至菱形之下。MACD指标与股价配合如此的好，并且都已经出现开始走弱了，投资者显然应该减仓了。已经成功跌至零轴线以下的MACD指标对股价持续走弱的影响是非常大的。

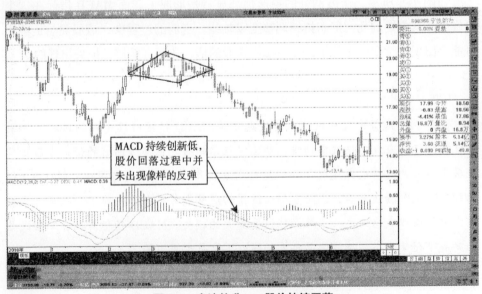

图7-7　宁波韵升——股价持续回落

如图 7-7 所示，宁波韵升持续回落的走势显然是从该股跌破菱形顶部开始的。MACD 指标持续创新低，显示股价并未出现像样的企稳回升走势。如此明确的持续见顶走势，投资者不减仓，必然遭受更大的投资损失。

第三节　最后一跌是减仓机会

菱形调整形态既然会成为股价的顶部反转形态，就会存在该调整形态完成之后的最后一跌的走势。只要菱形顶部的形态特征基本上具备了，并且成交量已经萎缩至等量线以下，再配合持续见顶的技术指标的话，投资者就能够轻松地发现相应的减仓时机了。

从 K 线的变化来看，投资者想要抓住最后一次减仓时机还是应该根据股价的下跌阴线来判断的。股价的回落走势必然是以阴线回落开始的。调整的菱形顶部形成的过程中，只是为股价的破位下跌蓄势而已。量价以及技术指标全部走坏之后，股价的见顶回落就指日可待了。

从下跌幅度看，股价短线跌破菱形右侧的三角形将是比较明确的减仓时机。

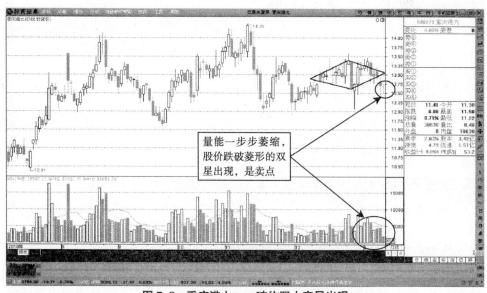

图 7-8　重庆港九——破位双十字星出现

股价出现了较长的下影线，一般是股价大幅度下跌的前兆。在股价缓慢加速回落至菱形顶部之下后，将是更长一段的熊市行情。这个时候，持续减仓将是比较有效的操作手段。

如图 7-8 所示，重庆港九的日 K 线中，股价在短时间内持续缩量并且跌破了菱形顶部的时候是比较好的减仓时机。成交量无法维持在前期水平的前提下，该股出现了跌破菱形的双十字星形态，表明该股将在今后持续看跌。

小提示

股价再被拉升的过程中，量在前价在后的规律还是不变的。成交量首先出现放大，股价才会随即出现反弹的走势。而股价见顶回落的时候，也是需要成交量首先出现萎缩的。只有成交量率先萎缩下来，股价才会在无量的状态下出现见顶回落的走势。上边重庆港九这个例子，就是首先出现成交量的持续萎缩，而后才是股价的见顶回落。投资者如果发觉量能已经不能持续维持放大状态的话，投资者的出货机会也就到来了。

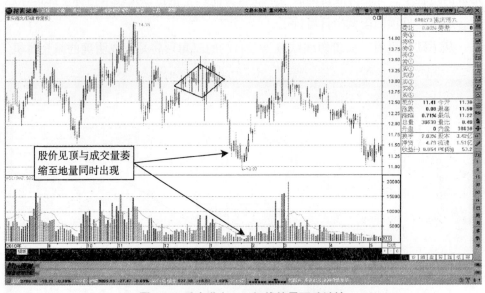

图 7-9　重庆港九——短线缩量下跌继续

如图 7-9 所示，重庆港九短线加速回落，前期在跌破菱形的双十字星出现的时候减仓，此时已经减少了很多损失。该股持续下跌至底部，并且出现了地量成交量，股价才开始有企稳回升的迹象出现。这表明，投资者在跌破菱形的那一刻减仓，损失将会减轻很多。

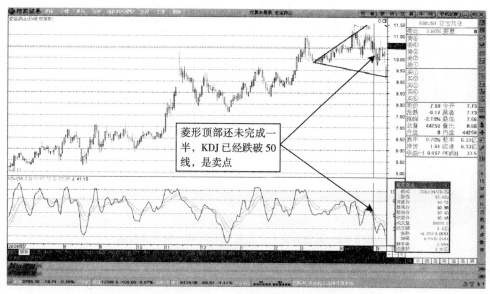

图7-10 亚宝药业——菱形未完 KDJ 已跌破 50 线

如图 7-10 所示，亚宝药业的日 K 线中，该股在形成菱形顶部的过程中，KDJ 指标已经成功跌破了 50 线。菱形顶部还未完成一半的时候，KDJ 出现如此弱势回落走势，是减仓的开始。即便没有出现大幅度回落的走势，投资者也该减仓了。一旦出现大幅度跌破菱形的走势，那么损失将会很快出现了。

小提示

菱形顶部出现的时候，KDJ 指标跌破零轴线的走势随时都有可能出现。菱形还未完成的时候，KDJ 指标已经持续走坏了。投资者选择减仓的时机，显然可以从 KDJ 指标走坏的时候开始。菱形顶部形态一旦完成，不减仓的话，必然会对投资者造成莫大的损失。减仓合适，才能够将前期的利润兑现出来。

如图 7-11 所示，亚宝药业在形成菱形顶部的过程中，震荡幅度不断地加大，股价出现了持续回落的走势。前期已经成功跌破了 50 线的 KDJ 指标，在这个时候短线即便波动再大，也不大可能会促使该股成功企稳。而图中指标走弱时出现

图7-11 亚宝药业——跌破菱形的第一根阴线卖点

的见顶回落的大阴线，显然表明了最佳减仓时机就在于此了。其实，菱形既然是股价反转形态，那么不管怎样跌破，都是需要投资者大幅度减仓甚至轻仓的，这样损失才可避免。

本章小结

　　菱形顶部作为股价见顶的重要反转形态，能够准确判断的投资者不仅能够获得不错的短线收益，还能够兑现较好的长线投资收益。在判断该反转形态的时候，成功完成该反转走势之前，投资者一定要耐得住寂寞。不要因为股价短线走势的改变而做出错误的投资操作。股价调整过程虽然复杂，但是作为见顶意义的菱形，被跌破的时候与其他调整形态并无两样。抓住大阴线破位下跌的卖点，显然是可以顺利避免损失的。

第八种方法 楔形顶部反转
——无量回落自然减持

股价前期见顶回落之后，成交量也早已经出现了持续的回落迹象。股价短时间内在缩量中出现反弹，其实是不能持续的调整形态。而楔形调整形态就是在股价见顶回落之后短时间内出现的调整走势。投资者想要避免更大的投资损失的话，还需要及时止损才行，不然随着股价的持续回落，投资者必然会遭受更大的投资损失的。在量能无以为继的情况下，投资者参照本章所说的判断减仓时机的方法持续卖出股票，才能减少相应的投资损失。

第一节 破位下跌后的弱势调整

股价破位下跌之后，短时间内是很难出现像样的牛市行情的。更何况，前期天量见顶的个股在持续缩量的过程中是根本不大可能出现股价的真正反转走势的。成交量只是稍微放大后，投资者就想方设法地抄底或者打算长时间地持股，等待解套时机出现，这些都是非常不明智的做法。

成交量持续萎缩的过程中，是持续缩量调整的趋势延续的结果。股价的任何反弹都不大可能成为真正的获利机会。就算反弹的幅度大了一些，投资者也要小心其中的持股风险。因为前期股价破位下跌之后，重要的均线早已经从支撑变为强大的压力线。这样股价持续出现的楔形调整形态显然不大可能是股价回升的征兆。

成交量在楔形调整形态出现之时，成交量也曾经放大，但是放量持续的时间是非常短暂的，并且量能根本不能持续突破等量线。成交量放大状态通常不会超过一周，横向发展的量能持续到缩量之时，就是股价二次回落的时候。总之，楔形调整走势持续回落的前提就是成交量的持续萎缩。短暂放量必然再次带来股价的二次回落走势。

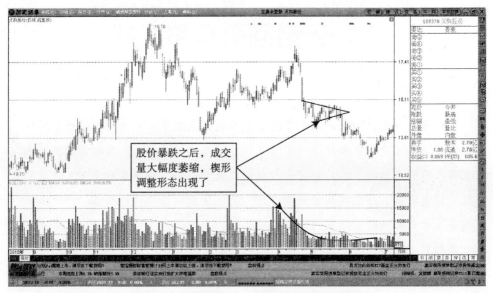

图 8-1　天科股份——无量反弹的楔形调整

如图 8-1 所示，天科股份短时间内出现的楔形调整形态正是在该股持续见顶并且量能持续萎缩的前提下出现的。场外多方看多的投资者虽然不多，但是仍旧促使股价出现短时间的反弹。因为抛售压力比较大，股价在短暂反弹中震荡回落，并且完成了楔形调整的走势。从该股的走势可以看出，熊市当中出现的缩量楔形虽然反弹幅度不大，却为投资者创造了减仓的短暂机会。

小提示

像天科股份的楔形调整走势出现在该股持续缩量见底的过程中，其实是很常见的走势。无量状态下，楔形的调整形态只是在为今后股价更大幅度的回落创造了条件。等待多方底部抄底的冲动减少到最低的时候，空方顺势掌握主动权，股价持续见顶就顺其自然地出现了。

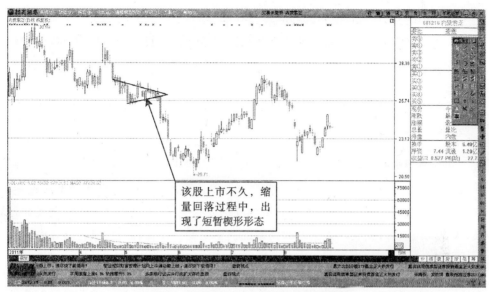

图8-2　内蒙君正——上市不久的缩量楔形

如图 8-2 所示，内蒙君正是一只 2011 年 2 月 22 日正式上市交易的新股。该股上市之后，在前期量能稳定之后出现了持续下跌的走势。缩量回落当中出现了最后一波的短暂楔形调整走势。也正是因为该楔形的出现，为投资者提供了不错的缩量反弹减仓时机。

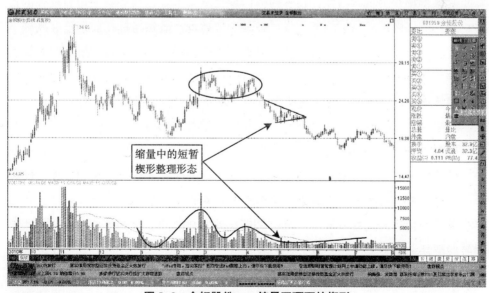

图8-3　金钼股份——缩量双顶下的楔形

如图 8-3 所示，金钼股份的缩量双顶出现后，该股日 K 线中出现短暂的楔形调整形态。双顶形态是比较明确的见顶信号了，而股价跌破双顶后，短暂楔形却是为投资者提供的天然减仓机会。量能无法维持放大状态的前提下，该股跌破楔形整理形态是必然的走势。

小提示

相比双顶形态、头肩顶形态等股价顶部较大的反转走势来说，楔形持续的规模比较小，反弹的力度也是非常有限的。因为，前期股价已经出现了见顶走势，成交量显然出现了明显的萎缩。楔形调整的走势只是部分散户的抄底造成的结果。像金钼股份双顶反转形态之后的楔形调整走势，反弹幅度有限，持续时间较短，是比较不错的短线高位减仓机会。

第二节　指标弱势当中持续回落

因为股价前期已经出现了见顶回落的破位下跌走势，而技术指标也早已经走坏了。楔形调整出现的时候，技术指标的走势基本上是在弱势当中短暂反弹的走势。指标的反弹走势与股价的无量反弹是一个道理。既然指标在前期已经跌破了多空分界线，那么后期的任何反弹走势都不应该错误地当成买入时机。尤其楔形调整形态形成的过程中，不仅股价出现这一弱势的走势，技术指标的反弹走势同样不会持续太长时间。短线指标反弹至多空分界线之后，显然是提前减仓的时机。

如果技术指标存在波动范围，那么股价开始真正见顶回落之后，指标会从顶部相应地回落。指标的最大波动幅度将是重要的压力位。楔形调整过程中，技术指标显然已经跌破了多空分界线，并且在该线以下出现了短线反弹的走势，投资者判断减仓的时机应该就是在技术指标反弹至多空分界线之前。

例如，KDJ 指标在股价真正见顶的时候很可能已经从 80 附近的超买区域大幅度回落至 50 线以下。50 线作为多空实力的分界线被顺利跌破之后，股价就顺利进入熊市行情中。楔形调整走势出现的时候，KDJ 虽然也会反弹至 50 线附近，却不会轻易超越该线。指标的短线回落走势还是会出现的。而对应的股价的楔形调整走势，见顶回落于重要的短期均线也是比较正常的走势。投资者判断指标显示的出货时间也就不难了。

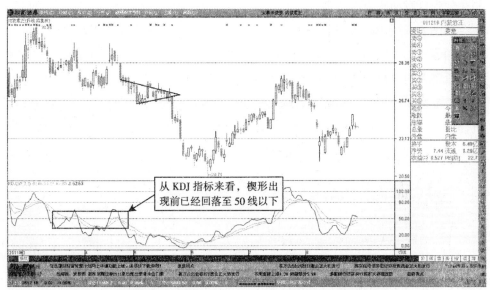

图 8-4　内蒙君正——KDJ 在 50 线之下的楔形

如图 8-4 所示，内蒙君正的日 K 线中，KDJ 指标从前期 50 线以上回落之后，股价也相继进入更深的调整中。而这个时候出现的楔形整理形态就是对该股持续

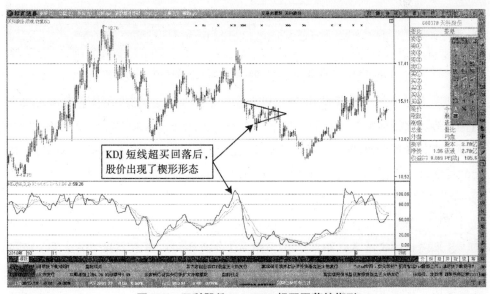

图 8-5　天科股份——KDJ 超买回落的楔形

回落的短时间调整。持续时间不长并且反弹有限的该楔形形态为投资者创造了减少损失的机会。如果投资者还嫌这次小反弹创造的利润不够丰厚的话，继续等待将会使投资者面临更大的损失。

如图 8-5 所示，天科股份短线回升的过程中，突然出现了暴跌的走势。这次股价的暴跌与 KDJ 指标达到 80 的超卖区域不无关系。部分在股价大跌中没有出货的投资者想要持续减仓的话，图中所示的楔形调整形态就是不错的时机。在股价无量反弹的前提下，反弹的力度虽然较小，却给投资者提供了一些高位减仓的机会。

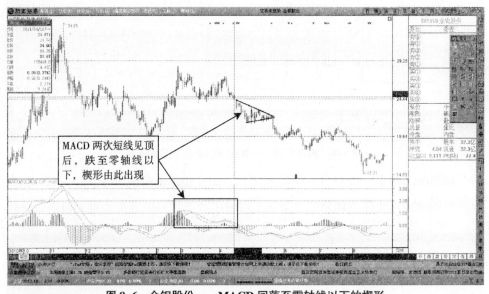

图 8-6　金钼股份——MACD 回落至零轴线以下的楔形

如图 8-6 所示，金钼股份在 MACD 指标震荡回落至零轴线以下出现了楔形调整走势。在指标率先见顶的前提下，投资者不能指望该股还会出现像样的反弹走势弧线。楔形调整的形态其实已经是比较不错的减仓时机了。想要避免损失扩大的投资者，在该形态调整过程中持续减持是避免损失的好时机。

小提示

技术指标回落至多空分界线以下后，股价的任何反弹走势都不能追涨。股价反弹的幅度有限，投资者追涨容易造成损失。特别是楔形调整走势反弹的幅度会持续萎缩。投资者只有适当地减仓才可以避免损失持续扩大。

第三节　短期均线下的减仓机会

在熊市行情中，股价出现了楔形调整走势的时候，其实是不难发现卖点的。为什么这样说呢？个股其实是有自己的运行趋势的，在相应的均线之下不断地回落就是投资者选择卖点的最佳时机。不同的股票持续下跌的进度虽然有一定的差距，可是，在对应的均线处不断回落的走势却不会发生太大的变化。投资者选择出货的时机，就是寻找压制股票下跌的重要均线，并且在股价反弹至这些均线之前提前卖出手中的股票。

判断哪一条均线能成为股价持续回落的压制线，其实是非常容易的。压制股价持续反弹的均线其计算周期不会太短或者太长。中短期移动平均线经过投资者调整其相应的计算周期后，就能够发现这些均线对股价的压制作用了。楔形调整走势出现的时候，股价持续横盘的过程中，虽然上涨的幅度一般会非常有限，但是股价靠近均线的趋势会持续出现。一旦股价几乎接近这些均线后，股价的见顶回落的走势就相应地出现了。

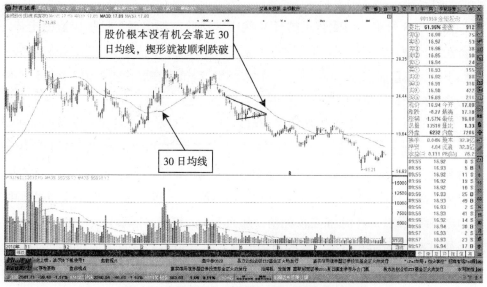

图8-7　金钼股份——靠近30日均线的楔形卖点

如图 8-7 所示，判断该股楔形形态见顶的出货机会应该就在股价持续反弹并且靠近 30 日均线的过程中。在量能无法放大的前提下，30 日均线就足以压制股价反弹了。投资者在股价接近 30 日均线之前清仓，可以减少前期股价下跌造成的投资损失。当然，部分做短线的投资者同样可以在这个时刻兑现利润。

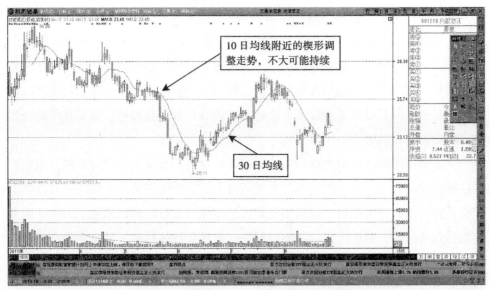

图 8-8　内蒙君正——10 日均线附近的卖点

如图 8-8 所示，内蒙君正的日 K 线中，该股前期出现了见顶回落的走势。股价短线反弹至 10 日均线的过程中完成了楔形形态。但是，成交量的持续萎缩显然不能支撑该股在 10 日均线之上持续反弹。投资者在股价弱势调整至 10 日均线的时候减仓是避免遭受投资损失的准确机会。

如图 8-9 所示，大阴线跌破了 30 日均线，说明空方力量还是非常强大的。虽然股价出现了楔形调整走势，并且持续靠近了 30 日均线，但是，这并不表明股价就会在量能萎缩的情况下突破该均线。前期刚刚出现大阴线跌破 30 日均线的走势，而这个时候股价缓慢靠近该均线，当然是减仓机会了。股价反弹过程中阻力会持续大增。一旦股价二次回落，那么下跌的幅度一定不会太小的。

如图 8-10 所示，持续大跌的走势出现之后，30 日均线对于股价楔形反弹的压制作用还是非常大的。图中出现的楔形调整走势中，股价反弹的幅度虽然不大，但是却已经靠近了 30 日均线。股价跌破 30 日均线后，该均线就对股价产生了强大的压制作用。图中该股暴跌了 8.83% 的时候，明确地显示出了该股反弹所面临的阻力空前的大。投资者唯有在靠近 30 日均线的过程中减持该股，才能够减少损失。

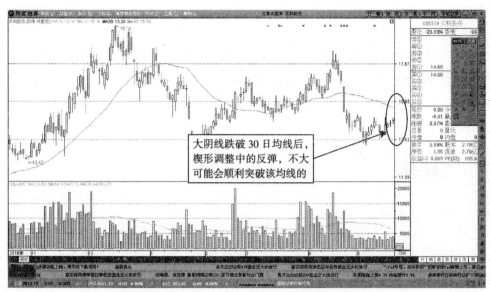

大阴线跌破 30 日均线后，楔形调整中的反弹，不大可能会顺利突破该均线的

图 8-9　天科股份——即将靠近 30 日均线的卖点

缩量狂跌 8.83%，结束了楔形调整形态

图 8-10　天科股份——30 日均线下的楔形

小提示

　　股价出现楔形调整走势的时候，该楔形持续的时间越久，跌破该楔形之后回落的幅度也会越大。投资者参与楔形调整过程的买卖，应该能够提前预想到股价破位跌破楔形的时候跌幅一定是非常深的。这样才不至于因为股价短线的反弹而过度追涨。天科股份以大阴线突然跌破楔形的走势来结束了该股短时间的楔形调整形态。很明显的，投资者如果能够提前减仓也不至于因为股价的大幅下挫而遭受损失了。

本章小结

　　出现在股价见顶回落过程中的楔形调整形态，持续的规模通常比较小。但是，因为该形态出现在股价见顶的初期阶段，能够给投资者提供非常好的建仓机会，显然，投资者短线参与股票的买卖的话，还是能够减少损失并获得不错的投资收益的。总之，投资者对楔形的短暂反弹走势应该给予更高的关注，这样就可以利用短时间的调整达到投资者减仓甚至短线抄底获利的目的了。

第九种方法　矩形顶部反转
——跌破下线减仓

矩形顶部出现在股价的见顶之后，虽然短时间内没有造成股价较大的下跌幅度，但是从成交量的持续萎缩趋势中投资者就可以清楚地发现，主力暗中出货后使股价在矩形调整中见顶的走势很可能在某一时刻快速出现。而一旦缩量跌破矩形底部的走势在日K线中出现，投资者就不得不调整操作策略，以免后期遭受较大的投资损失。本章围绕成交量提前萎缩与指标提前见顶这两个信号来帮助投资者判断股价的矩形顶部走弱过程中的卖点，以便投资者减少损失。

第一节　有矩形"价"，无矩形"量"

在矩形顶部出现的初期，股价其实是持续了一段时间的放量回升走势的。但是，量能的持续放大并未长时间地持续下来。股价短时间的回落走势就这样在成交量短线萎缩的时候出现了。缩量下跌的走势在短时间内没有得到延续。投资者抄底之后，促使股价出现反弹走势。短线持续调整过程中，多空双方力量相差并不多。股价窄幅波动的走势不断地延续下来，矩形调整走势就这样短时间内形成了。

矩形调整走势出现之后，投资者在操作上应该关注成交量的变化趋势。价格未出现比较大的变化，但是量能无以为继了，股价必然会在某一天出现相当大的回落走势。并且，股价缩量调整的走势持续的时间越长，今后股价回落的幅度也会越大。投资者如果没有抓住股价跌破矩形顶部的卖点，损失会偏大一些。调整充分的矩形顶部对应的浮筹是相当大的。被大阴线轻松跌破之后会套牢绝大多数的散户。没有及时止损出局的投资者，短线造成的投资损失就足以使其长时间做空了。散户蜂拥卖出手中的股票造成杀跌局面后，矩形顶部就顺利形成了。

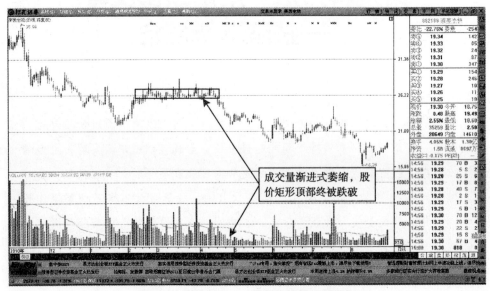

图9-1　莱茵生物——缩量维持的矩形顶部

如图9-1所示，莱茵生物的日K线中，股价持续回落的过程中，该股短暂反弹之后出现了矩形调整走势。量能持续震荡萎缩的过程中，该矩形终究没有成为股价持续反弹的底部，而是在成交量无法放大的情况下出现了持续回落的走势。投资者减仓持有股票的时机也就在这个时段了。

小提示

矩形调整过程中，成交量时常出现萎缩的迹象，显然不是散户一家所为的。主力已经在暗中抛售了股票，股价的缩量调整其实是多方拉升力量不足的表现。莱茵生物的震荡萎缩的成交量显然提前表明主力已经在暗中出货了，该股在没有成交量放大的前提下不大可能长时间维持这种高位运行的矩形形态的。

如图9-2所示，多氟多在短时间内形成矩形顶部后，在成交量两次出现萎缩的时候最终破位回落。矩形顶部其实就是主力短线出货，并且控制股价高位运行的减仓时机。散户如果没能够在缩量矩形出现的时候减仓，势必不能够逃脱之后股价回落造成的巨大投资损失。

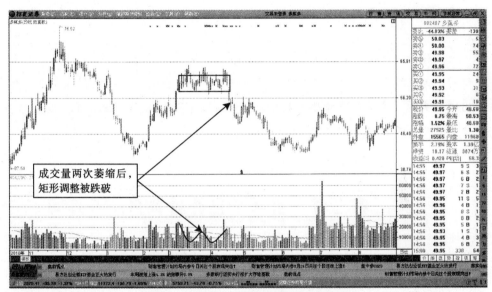

图 9-2　多氟多——两次缩量后的见顶矩形

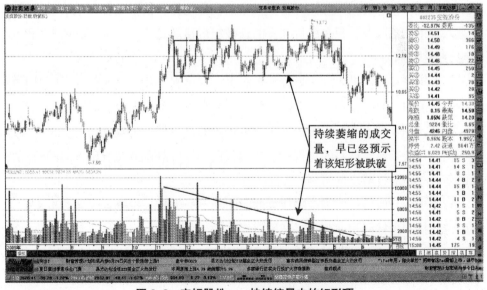

图 9-3　安妮股份——持续缩量中的矩形顶

如图 9-3 所示，安妮股份虽然出现了较为明显的矩形顶部，对应的成交量却早在股价见顶的时候出现了持续的回落。该股在长达五个月的持续缩量中保持着

矩形顶部走势，实在是不容易。但是，在无量的情况下该股最终未逃过回落的
走势。

小提示

安妮股份的持续调整的矩形顶部对应的成交量持续萎缩，投资者显然是能够
发现的。如果投资者对于这种缩量中横盘矩形不去理会的话，必然会在该股回落
后出现损失的。在量能持续萎缩的情况下，安妮股份的股价回落只是时间问题。
不贪婪的投资者能够提前出货避免损失扩大。

第二节 指标早已开始背离

矩形顶部出现的过程中，技术指标并不跟随股价持续的横盘波动，指标会在
股价最终跌破矩形顶部之前率先进入到持续调整的走势当中。投资者短线参与股
票买卖的时候，只要稍微关注一下成交量的变化趋势，就不难发现股价其实早已
经进入到了回落阶段，只是股价在真的跌破矩形顶部之前，技术指标还未调整至
多空分界线之下。

技术指标在股价进入到矩形调整形态不久就出现了死叉见顶信号，并且开始
了持续回落的走势。投资者减仓持有股票的重要机会可以在股价看跌信号出现之
时。并且，一旦技术指标与股价形成背离走势的话，那将是投资者再次减仓的重
要依据。在持续横盘调整的过程中，技术指标率先回落造成与股价背离的情况发
生的话，将是最终减仓的时刻。

技术指标与股价的背离走势持续的时间绝不会太长。投资者要做的事情就是
在股价与技术指标同步回落之时开始清仓。

如图 9-4 所示，安妮股份的日 K 线中，该股在短时间内出现的 KDJ 指标与
股价的背离走势已经预示该股见顶回落了。投资者发现这一背离趋势的情况下，
如果能够提前做出减仓操作，还是能够避免一部分损失的。股价在 MACD 指标
持续小反弹的情况下，短时间内小幅度调整，说明了投资者的减仓时机还是比较
多的。

图 9-4　安妮股份——MACD 早已经背离

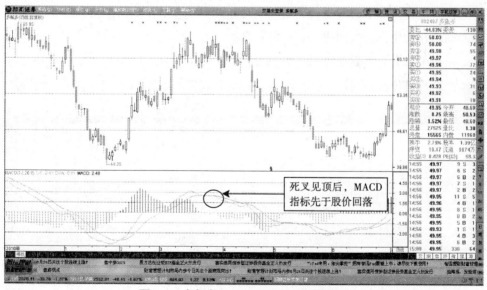

图 9-5　多氟多——MACD 死叉提前出现

　　如图 9-5 所示，多氟多的日 K 线中，MACD 指标在图中率先见顶后，股价仍然维持了矩形调整形态。但是，这并不能够改变最终回落的运行趋势。很明显的，没有 MACD 指标出现看涨的情况下，该股矩形调整必然是以股价回落结束的。

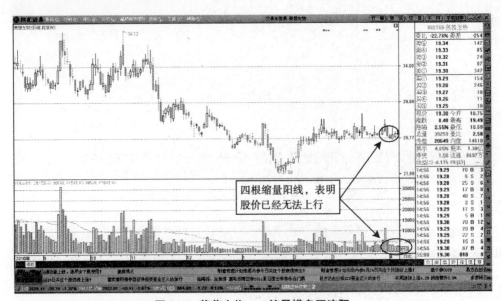

小提示

多氟多的矩形形态虽然比较标准，但是KDJ的提前回落显然表明了该股的回落走势会再次出现。高位之上运行的多氟多，没有同样高位运行的MACD指标，那么股价的回落早晚会出现。调整至零轴线附近的MACD指标，出现持续回落至零轴线以下的看空状态，只是时间问题。

第三节　缩量破位下跌减仓

矩形调整形态被顺利跌破的时候，量能会出现持续的萎缩，这些破位下跌的时机就是投资者卖出股票的机会。等待卖点出现的时候减仓出货，虽然会遭受一定的投资损失，却不会因为假突破而出现"踏空"现象。等待股价跌破矩形之后再考虑清仓操作，在时间成本上是非常高的。

市场中总会有些存在侥幸心理的投资者，不去理会持续缩量调整的股价究竟会给个股带来什么样的结局，而投资者短线参与股票买卖的时候，不肯在股票跌

四根缩量阳线，表明股价已经无法上行

图9-6　莱茵生物——缩量横盘四连阳

破矩形前卖出手中的股票，这种心态将对投资者获利造成巨大的伤害。

如图 9-6 所示，莱茵生物短线出现了持续反弹的四根阳线，但是量能显然是出现了非常明确的萎缩，并且股价几乎停留在原地未动。这表明，没有成交量的支撑下，该股的短线反弹的阳线显然是投资者减仓的时机。四根阳线的出现只是散户拉升所致，不具备持续性，投资者减仓的话，可以避免之后出现的投资风险。

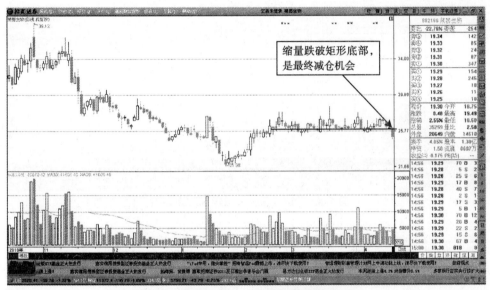

图 9-7　莱茵生物——股价成功跌破矩形顶

如图 9-7 所示，莱茵生物的日 K 线中，股价顺利跌破矩形之时是重要卖点。该股持续回落的开始也就起始于跌破矩形的这根阴线了。可以说，该破位回落的阴线成为投资者的不错卖点。

小提示

股价跌破矩形的时候，是投资者的第一卖点。今后股价的走势显然会是持续回落的。莱茵生物这只股票顺利跌破该矩形后，是清仓的最后阶段。一旦该回落趋势延续下来，损失快速放大将不可避免。

如图 9-8 所示，莱茵生物的日 K 线中，在股价持续回落的过程中，成交量几乎达到了地量的水平。股价的回落趋势在量能不能持续放大的前提下延续。散户前期减仓的话，就与股价回落造成的损失无缘了。

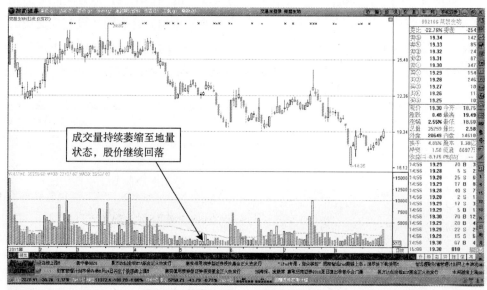

成交量持续萎缩至地量状态，股价继续回落

图9-8 莱茵生物——无量下跌持续进行

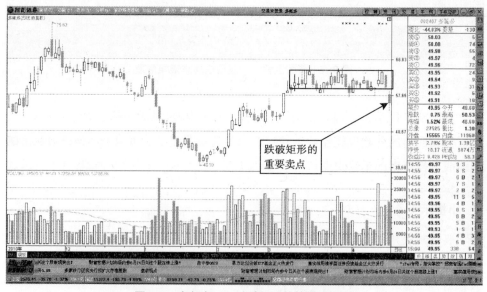

跌破矩形的重要卖点

图9-9 多氟多——跌破矩形的棒槌线卖点

如图9-9所示，多氟多的日K线中，投资者的第一卖点也可以说是最后的卖点，就是大阴线跌破矩形的那一刻。这个卖点其实不难理解。

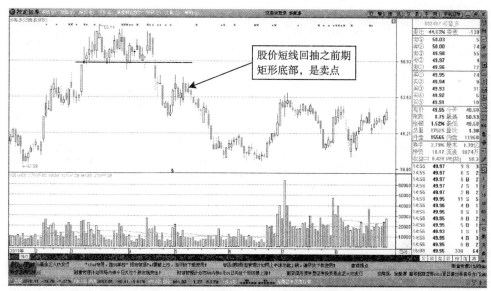

股价短线回抽之前期
矩形底部，是卖点

图 9-10　多氟多——回抽之后继续跌势

如图 9-10 所示，多氟多的日 K 线中，股价虽然已经顺利跌破了矩形顶部，但还是出现了回抽的走势。图中该股反弹至矩形底部的过程中，投资者短线参与出货的话，可以避免很多不必要的损失。抵抗风险能力强的投资者也可以短线买入该股，捞取一些短线抄底的投资收益。

小提示

总有一些投资者没能够在股价跌破矩形的时候第一时间完成出货的操作。而股价反抽至矩形底部的时候，就是那些反应慢半拍的投资者减仓的大好时机。不过，这种股价反抽调整形态的走势不是任何时间都能够出现的。投资者只有掌握了股价跌破调整形态的第一出货时间，才能够顺利避免风险扩大。

本章小结

在矩形调整形态中，虽然股价强势横盘比较标准，但是却没有成交量高位运行来支撑。针对这种高位运行的调整形态，投资者唯有减仓避险，才能够使得投资收益最大化。任何的不必要的等待将会在股价无量跌破矩形的时候遭受更大的投资损失。投资者判断股价矩形卖点的重要方面，是看萎缩的成交量与走弱的技术指标。这样的话，才能够抓住真正的矩形卖点。

第十种方法 旗形顶部反转
——跌破趋势线出货

见顶意义的旗形调整形态出现在股价持续回落的过程中。虽然个股的回落走势还是在延续，但短时间内股价短线持续冲高的走势显然是投资者调整仓位的大好时机。一旦股价顺利跌破旗形调整形态，那么将是理想的减仓时机。因为旗形调整的底部和顶部的连线通常是平行的直线。投资者选择出货时机也更加方便一些。本章重点介绍旗形调整走势出现的过程，以及在技术指标持续回落后，投资者的最佳卖点问题。

第一节 散户抄底导致旗形调整

股价虽然已经在前期见顶回落，但是部分看多的投资者并没有放弃抄底的机会，在股价持续见底的某一个价位附近出现了持续反弹的走势。成交量短时间内放大至高位，说明多方显然开始看多，并且积极地参与个股的反弹行情。这样股价的震荡上行的小趋势基本上形成了。

股价毕竟仍然处于熊市行情中，任何拉升上涨的走势如果没有出现持续的筑底行情，那么股价很难有像样的突破走势。并且，投资者虽然短线抄底个股，并且有少量的投资者追涨建仓，但是股价的持续反弹的力度还是取决于成交量的放大程度。本来反弹过程中成交量就不是太稳定，一旦途中出现量能萎缩的事实，那么股价短线见顶回落就会成为事实了。

很多情况下，旗形出现之后，股价的反弹是一波三折的走势。均线虽然短时间内构成了股价反弹的重要支撑，但是冲高回落的走势不时地出现。震荡上行过程中，个股终于完成了平行拉升旗形反弹走势。如果成交量可以维持放量状态，股价的旗形调整走势也会得到延续。投资者短线参与个股的买卖可以获得利润和减少投资损失。

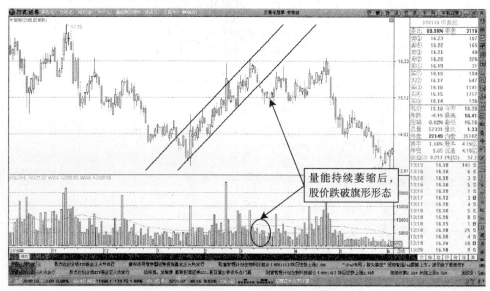

量能持续萎缩后，股价跌破旗形形态

图 10-1　中青旅——短线放量的旗形走势

如图 10-1 所示，中青旅的日 K 线中出现了持续回升的旗形走势。该股回升

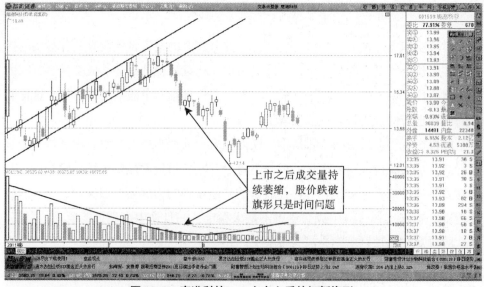

上市之后成交量持续萎缩，股价跌破旗形只是时间问题

图 10-2　鹿港科技——上市之后的短暂旗形

的时间持续虽然不长，但是上涨的势头短时间内还是比较强的，这多亏了该股底部成交量的短线放大趋势。旗形反转持续到前期高位之后，股价持续缩量跌破了该旗形的底部，预示旗形调整走势已经结束。

如图 10-2 所示，鹿港科技是一只 2011 年 5 月底上市的新股。该股上市后的持续两个月当中，成交量显然是出现了比较明显的萎缩。但是，这并不能够阻碍该股短线的旗形调整走势出现。最终股价跌破旗形的时刻，就是成交量持续五天萎缩至等量线以下的那一刻。短线减仓该股在缩量回落之后，可以避免损失短时间内被放大。

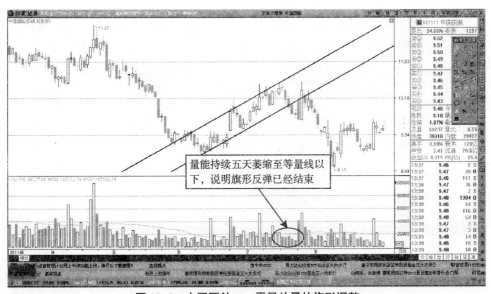

量能持续五天萎缩至等量线以下，说明旗形反弹已经结束

图 10-3　中国国航——零星放量的旗形调整

如图 10-3 所示，中国国航的日 K 线中，反弹的旗形走势持续了长达一个半月的时间。在股价持续反弹的过程中，成交量虽然有些许的放大，却不能够持续下来。在成交量持续五天萎缩至等量线以下后，该股终于在缩量中跌破了旗形的底部支撑线。投资者如果跟随成交量的放大短线抄底，或者在量能再次见顶的时候持续出货的话，还是能够获得相应的投资回报或者减少投资损失的。

小提示

旗形调整走势本身就是一个持续时间短暂，量能放大程度有限，并且股价反弹幅度很有限的调整走势。在熊市行情当中，该旗形调整走势不大可能改变股价的回落走势。部分短线看多的散户即便是拼命地追涨，也难以拉升股价出现真正的大行情。中国国航的走势就是这样的：虽然短线持续反弹，却还是在无量放大的情况下出现了二次回落的走势。

第二节　技术指标弱势调整

　　股价的旗形反转走势，其成交量放大的时间比较短暂，回升的幅度显然是受到了很大的限制。散户在抄底个股之后，股价会出现短时间的回升走势。而一旦这种持续回升的走势出现了一些松动，短线抛售的压力就将显示出来。股价走弱的过程中，技术指标已经开始了回落。一旦指标先于股价调整到位，并且形成了看跌的信号，投资者减仓的时机也就出现了。

　　在旗形调整走势中，可以在指标死叉信号出现之后采取相应的减仓措施。当然了，如果技术指标提前出现了与股价相互背离的走势，这也不失为一个减仓出货的良机。指标与股价在正常运行过程中，一定是同方向运行的。指标与股价背

图10-4　中国国航——KDJ（60，3，3）的50线回落

离的时候，说明多方虽然短线参与个股的炒作，但是却没有真的放手拉升股价至更高的位置。量价在短线内持续走弱之前，技术指标已经处于调整状态了。背离走势正是反映了股价无以为继的个股反弹走势。投资者减仓避险的信号中，指标与股价的背离就是其中的一种。

如图 10-4 所示，中国国航的日 K 线中，KDJ 指标与股价旗形反弹的走势同步出现。但是，毕竟股价正处于熊市行情当中，并且 KDJ 指标也未曾真正突破 50 线的压制。这样看来，KDJ 指标在图中所示的位置持续两次回落，显然表明做空力量又一次降临。投资者此时减仓的话，是不错的避险机会。

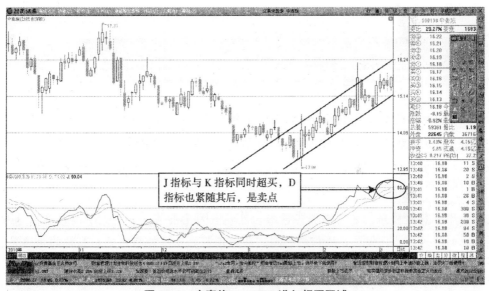

图 10-5 中青旅——KDJ 进入超买区域

如图 10-5 所示，中青旅的日 K 线中，在该股反弹过程中，KDJ 指标显然已经有了长足的拉升。而图中的位置，KDJ 指标的 J 线和 K 线都已经达到了 80 以上，D 线也紧随其后，这表明 KDJ 指标显然已经进入超买状态了。投资者再次持股的话，必然会遭受投资损失的。特别是该 KDJ 指标的超买出现在无量支撑的旗形调整走势中，更具备了见顶回落的信号。

如图 10-6 所示，自从 KDJ 超买之后，该指标在几天的时间里就形成了看跌意义的死叉信号，投资者如果考虑减仓，就可以选择这个时刻了。并且，从 KDJ 反复震荡的过程来看，图中该指标首次超买回落之后，显然形成了比较明显的双

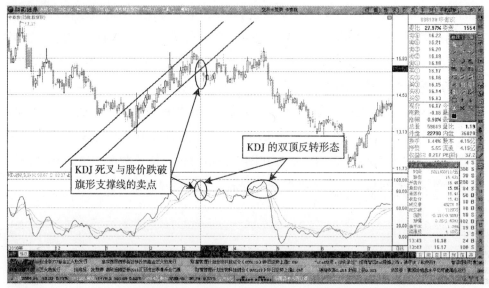

图 10-6　中青旅——KDJ 死叉与双峰见顶

顶反转信号。想要减仓的投资者，短时间的出货机会还是有不少的。KDJ 双顶被跌破后，股价回落速度将会更大，只有第一时间减仓才能够避免风险扩大。

小提示

中青旅虽然旗形反弹幅度比较大，并且 KDJ 指标也从底部一直上攻到了 80 附近的超买区域，但是，股价的见顶回落的走势还是不能够幸免。指标的快速见顶与股价的无量反弹有很大的关系。而本身处于熊市行情中的中青旅在这个旗形调整走势中已经涨幅不小了，在指标见顶的情况下，回落也是自然形成的。投资者减仓应对即可。

第三节　弱势中自然回落减仓

旗形调整走势运行的过程中，投资者可以发现股价的下方与上方有两条非常明显的平行线。这两条平行线就是分别对股价起到压制和支撑作用的线。反弹的走势之所以沿着旗形延续，就是因为多空双方在不同的价位之间抄底和减仓造成股价短线震荡上行的走势出现。

短线反弹持续的过程中，投资者可以凭借上下两条明显的支撑和压力线来判断相应的买卖位置。短线投资者如果把握得当的话，能够获得不错的短线收益。而前期已经被套牢的投资者，可以在股价反弹至旗形压力线的时候持续减少持股数量。并且，在股价最终跌破旗形的支撑线时，清仓避免投资风险扩大。股价跌破旗形底部的时候，其实不一定是大阴线形态。即便股价出现了一根跌幅并不大的十字星，投资者也应该引起注意。股价的持续回落很可能是以十字星为起点的。

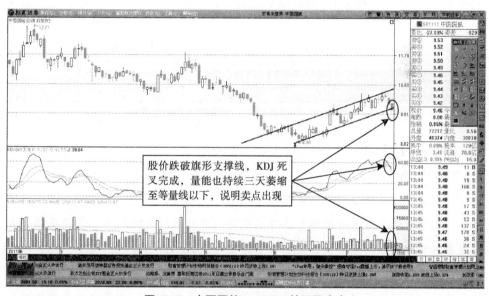

图 10-7　中国国航——KDJ 的死叉卖点

如图 10-7 所示，中国国航的日 K 线中，该股短时间内跌破了所谓的旗形的支撑线。不仅如此，KDJ 指标突然出现的死叉信号以及成交量持续三天萎缩至等量线之下，都说明了该股见顶的特征。减仓在这个阶段的话，投资者还是能够获得一定的收益的。量、价、指标三者同时回落下来的意义，就是该股持续见顶走势的形成。

如图 10-8 所示，股价回落至旗形支撑线以下后，出现了回抽该旗形的反弹走势，是投资者弱势中减仓的又一次机会。这种持续减仓的机会其实是不多见的，只要投资者想要获得相应的投资回报，就应该避免在股价回落过程中持有股票。尽快清仓完毕，后期股价持续回调也就没什么风险了。

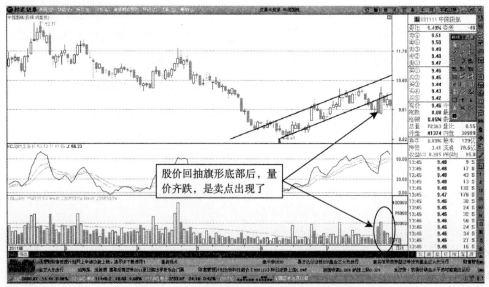

图 10-8 中国国航——股价回抽旗形卖点

小提示

　　中国国航的短线旗形反弹走势被跌破之后，股价出现了回抽的旗形支撑线的现象。这个时刻是投资者短线抄底并且获得投资收益的大好机会。该股反弹的大阳线不仅回抽旗形的支撑线，还突破了该支撑线。从技术分析上看来，这种情况也是可以出现的。并且，这并不妨碍投资者在股价回抽的过程中减仓。只要股价的大致运行趋势没变化，不管个股短线的波动幅度有多大，投资者顺势操作都是可以的。

本章小结

　　参与旗形调整形态买卖的时候，投资者一定要认清股价运行的大趋势。股价短线沿着旗形反弹的过程中，不一定会改变股价的运行趋势，但是却为投资者提供了不错的减仓机会与短线抄底获利机会。抓住买卖点的投资者，还是可以获得不错的投资回报的。

第十一种方法 喇叭形顶部反转
——轻仓做多破位减仓

喇叭形顶部出现的时候,通常处于指数有待于突破的调整形态的后期。指数虽然短时间内并未出现任何大的动向,但是波动幅度的加剧显然已经为即将出现的突破蓄势准备了。像喇叭口形态这种无序震荡的调整走势,一旦被股价跌破,当是不错的出货机会。鉴于喇叭口形态的复杂性,本章将重点介绍该反转形态的减仓时机、技术指标在喇叭口完成之前的变化趋势以及股价回抽的二次减仓时机等问题。

第一节 短暂震荡后底部破位

喇叭口形态出现前,股价可能是出现了持续的拉升走势,当然也可能早已经进入到持续调整的顶部了。喇叭口形态出现之后,股价的持续震荡的幅度会持续放大,成交量也会在这个时候不断地放大。但是有一点没有发生变化,那就是股价的运行趋势是不明朗的。是否延续前期的牛市行情,或者是在调整之后随之见顶回落,都是有待于进一步验证。

如果喇叭口形态最终会转化为见顶回落的反转走势,那么股价必然会跌破喇叭口形态的上升趋势线。之所以会出现见顶回落的走势,是因为成交量并不能够在调整形态完成后再次放大。成交量的萎缩趋势说明投资者不得不及时减少仓位。股价持续回落的走势,并不是在征兆全无的情况下出现的。

如果从成交量上来判断,量能放大过程中出现喇叭口形态的情况居多。当然,也有在缩量中出现的喇叭口形态。不管是哪一种情况,股价最终萎缩的成交量是导致喇叭口形态被顺利跌破的重要原因。

　　成交量在萎缩的情况下形成的喇叭口形态，股价前期通常是运行在牛市当中的。而放量过程中出现的喇叭口形态，通常在熊市行情中出现。量能萎缩持续回落是喇叭口形态被跌破的根本原因。

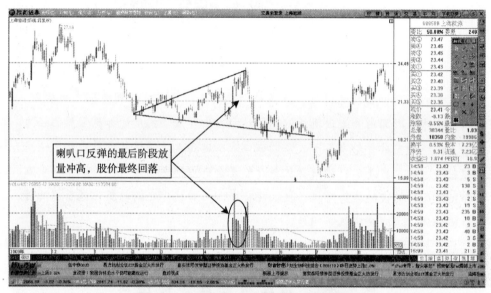

图 11-1　上海能源——股价回落中的喇叭口

　　如图 11-1 所示，上海能源短线放量反弹过程中，该股出现了震荡幅度比较大的喇叭口形态。该形态中，股价终于在放量反弹至新高的时候出现了缩量回落的走势。投资者根据该股的量能变化趋势，就可以轻松判断出应该持续减仓的时机了。

　　如图 11-2 所示，天药股份见顶前出现了喇叭口形态。该形态出现的过程中，多空双方显然经过了激烈的争夺。该股最终顺利跌破了喇叭口形态，并且出现了持续回落的走势。从成交量来看，多方不能够持续拉升股价，空方顺势打压股价跌破喇叭口形态，投资者减仓时机随机出现。

　　如图 11-3 所示，东力传动缩量见顶过程中，股价短线冲高完成了喇叭口形态，出现了见顶回落的走势。从该股持续出现的弱势喇叭口形态来看，投资者短线减仓的机会还是很多的。该喇叭口形态持续的过程中，该股连续出现了将近四波的冲高行情。如果投资者能够抓住一个卖出股票的时机，都不会在该反转形态被跌破的时候遭受损失。

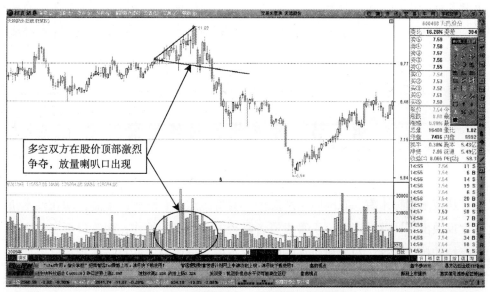

多空双方在股价顶部激烈
争夺，放量喇叭口出现

图 11-2 天药股份——见顶意义的喇叭口

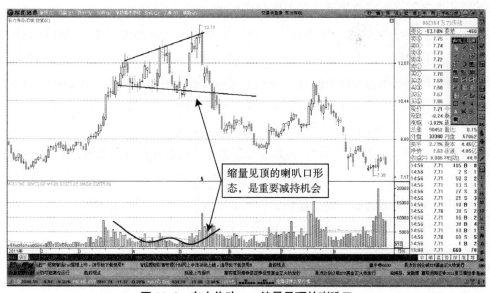

缩量见顶的喇叭口形
态，是重要减持机会

图 11-3 东力传动——缩量见顶的喇叭口

小提示

　　缩量见顶过程中出现的喇叭口形态，虽然比较少见，但仍然是投资者减仓的重要反转信号。与放量喇叭口形态一样，股价最终无量维持股价高位运行，减仓出货是最佳选择。东力传动这只股票是该股见顶回落前无量维持形成的喇叭口形态，而前边所说的上海能源，是放量中形成的喇叭口形态，都是投资者不错的减仓时机。

第二节　技术指标最终回落

从技术指标来看，在喇叭口形态中，股价虽然没有跌破该形态，却在技术指标上反映出了回落的走势。不管投资者是否参与个股的炒作，喇叭口形态都会导致指标的持续回落。只要股价在喇叭口形态中充分调整，并且技术指标已经回落至几乎全部投资者都看空的状态后，减仓持有股票就成为比较可靠的做法。一旦股价顺着波动的趋势跌破了喇叭口形态的支撑线，短时间的加速回落势必会出现。投资者不考虑减仓的话，损失将很快扩大。

例如，对于 MACD 指标来说，股价完成喇叭口形态的过程中，MACD 指标一旦出现死叉信号，就是投资者短线减仓的好时机。低吸高抛的投资者可以在股价的喇叭口形态压力线附近减仓，当然也可以在股价回落至喇叭口形态的支撑线时持续加仓。这样做的话，即便股价在某一时刻跌破了喇叭口形态的支撑线，投资者因为出货在了喇叭口形态压力线附近，也不会遭受太大的投资损失。加速回落至喇叭口支撑线以下的个股，投资者只要不去短线抄底，就不会有损失出现了。

如图 11-4 所示，上海能源见顶回落的信号出现在 KDJ 指标出现了超买信号并且开始见顶回落的那一刻。从喇叭口形态来看，该股见顶回落的点位正是喇叭口形态的压力线处。投资者如果能够抓住这一卖点，将是不错的止盈或者止损机会。后市股价持续回落至喇叭口形态之下后，投资者无形中获得了不少的收益。

如图 11-5 所示，东力传动 MACD 指标虽然短时间内并未跌破零轴线，但是在该股震荡过程中，MACD 指标显然出现了持续回落的顶部，这与股价短线冲高的走势明显形成了背离走势。持续减仓的背离信号早已经出现，投资者只要想避免损失扩大，还是有机会减仓持股的。

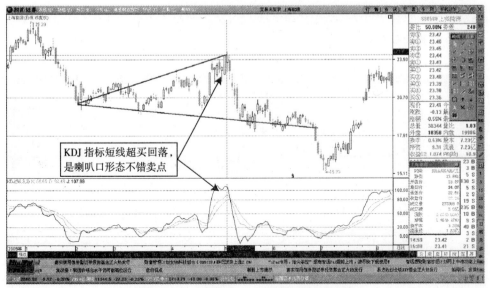

图 11-4　上海能源——KDJ 短线超买回落

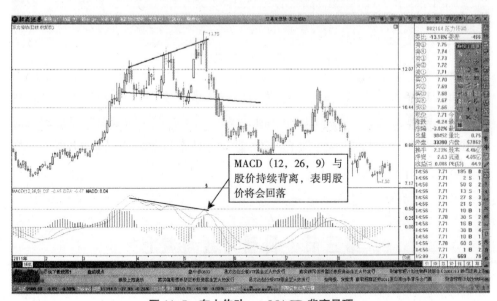

图 11-5　东力传动——MACD 背离见顶

小提示

　　像东力传动这种技术指标短线见顶而股价跟随指标见顶回落的走势，投资者是很容易轻松发现的。喇叭口形态虽然比较复杂，但如果投资者仔细分析股价的走势，还是能够轻松发现这种买卖机会的。技术指标提前走弱早已经表明了喇叭口形态的重要卖点了。

图 11-6　天药股份——KDJ 死叉见顶

如图 11-6 所示，天药股份在喇叭口形态内部出现了持续回落的走势，显然是非常不错的卖点了。而从 KDJ 指标上看来，死叉在股价跌破喇叭口形态之前出现，表明减仓时机就在这一刻了。之后股价与技术指标同时下跌的时候，必将给投资者带来不小的损失。

第三节　回抽均线可减仓

喇叭口形态完成之后，股价顺利地跌破了喇叭口形态的支撑线，投资者顺势操作的减仓时机就出现在股价跌破喇叭口之时。喇叭口形态持续的时间越长，波动的幅度越大，跌破该形态的力度也会更强烈。既然个股以跌破喇叭口形态的方式选择了运行的新趋势，还没有及时出货的投资者就应该抓紧一切时机来完成剩余股票的减仓出货操作。

　　跌破喇叭口形态的个股可能会出现短时间的回抽现象。股价回抽至喇叭口支撑线的走势并不是任何股票都会出现的。从回抽的幅度看，也不一定会达到喇叭口形态的支撑线。即便是幅度很小的回抽喇叭口的走势，也可以成为减仓出货的重要机会。

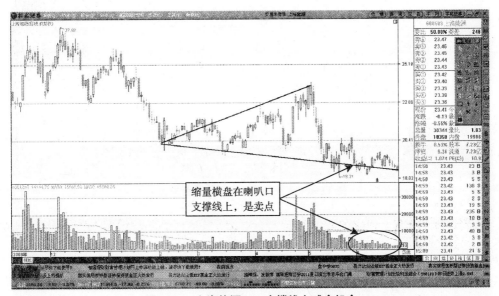

图 11-7　上海能源——支撑线上减仓机会

　　如图 11-7 所示，上海能源见顶回落的喇叭口形态中，股价最终无量跌至喇叭口的支撑线以上。虽然还未出现太大的下跌幅度，但是几乎处于地量状态下的上海能源显然不大可能见底回升了。投资者在这个时刻减仓，还是不错的选择。

　　如图 11-8 所示，上海能源见顶回落的走势就出现在地量之后。前期股价回落至喇叭口形态的时候，地量状态后的回落，投资者应该早已经意识到了。图中持续回落的走势也是必然结果。

　　如图 11-9 所示，天药股份缩量跌破了持续时间不长的喇叭口形态，而股价持续两天的回抽当然就是投资者最后的减仓机会了。亡羊补牢为时不晚，在回抽阶段减仓，虽然已经出现了损失，但是能够避免今后股价大跌后造成更大的投资损失。对于前期获利丰厚的投资者来讲，这个时候减少些仓位还是值得的。

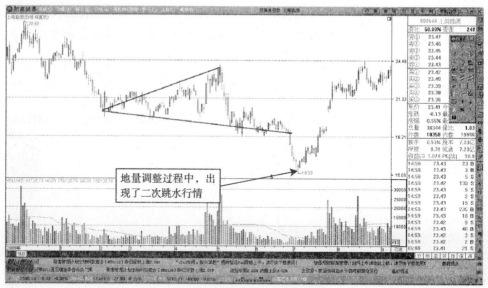

图 11-8　上海能源——股价放量见底

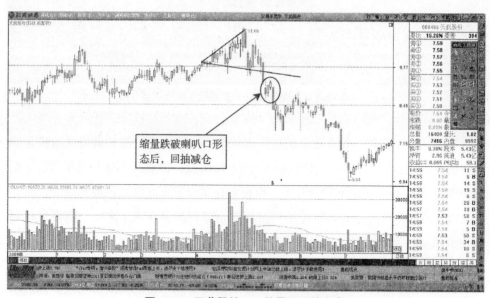

图 11-9　天药股份——缩量下跌的卖点

小提示

　　股价见顶回落之后，反弹走势出现的时刻，其实是不重要的。重要的是，投资者可以利用股价短时间反弹的机会卖出手中处于亏损状态的股票，达到止损的目的。天药股份的喇叭口形态被顺利跌破之后，股价回抽至该反转形态的时刻是不错的减仓时机。即便股价短时间内没有回抽，而是在更深的底部出现了反弹走势，也可以当作减仓时机看待。

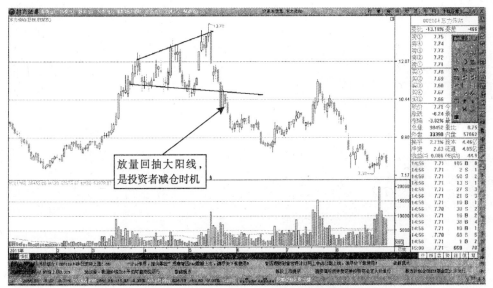

放量回抽大阳线，是投资者减仓时机

图 11-10　东力传动——回抽支撑线卖点

如图 11-10 所示，东力传动的放量回抽的大阳线是股价跌破该喇叭口形态之后最后的卖点了。如果投资者还嫌这次出货机会不够好的话，继续等待将面临更大的短线损失。对于该股不确定的后期走势来讲，投资者在这个阶段减仓还是比较不错的。

本章小结

喇叭口形态的走势比较复杂，因为多空双方的争夺实在是太激烈了。至少在短时间内无法分出胜负来。参与该股买卖的投资者可以做短线操作。以低吸高抛的方式获取短线投资收益，这在喇叭口形态出现的时候是比较常见的操作方法。只要股价还未真的见顶，投资者的减仓时机就存在着。准确掌握本章的喇叭口减仓时机，投资者还是能够获得不错的投资收益的。

第十二种方法 三阶段顶部反转
——大阴线二次破位减持

股价在见顶回落之时，通常是以大阴线回落的方式见顶的。而大阴线出现后，股价短线的支撑作用是不足以促使股价见底回升的。在大阴线实体内部出现的短线调整走势完成后，股价自然会再次出现阴线回落的走势，这样个股三个阶段的反转形态就在短时间内出现了。本章将向投资者介绍三阶段回落的趋势，以及在缩量回落过程中投资者依据量价关系和技术指标选择恰当的出货时机的方法。

第一节　股价不断破位的三阶段回落

股价见顶回落的初期，大阴线率先破位下跌，说明股价见顶信号已经出现。大阴线出现后，散户短线底部抄底买入股票后，股价出现了短时间的反弹走势。在成交量萎缩的前提下，股价的反弹幅度受到了很大限制。通常来看，大阴线之后的持续几天的反弹只是出现在阴线实体的内部，而不会超过大阴线实体的高位。既然是三阶段的回落走势，那么股价还是在短暂回调之后出现二次破位下跌的大阴线。第二根大阴线出现在股价调整之后，开盘价可能会低开在前期大阴线收盘价以下，形成一根再次破位的阴线。

前后两根持续破位下跌的大阴线夹着其中多根持续调整的小 K 线，就完成了股价三个阶段破位下跌的形态。

从成交量上看，大阴线出现的时候会出现比较明显的放量。而一旦两根阴线之间的短暂横盘调整的小 K 线出现，成交量又开始萎缩下来，价跌量增而价涨量缩的运行趋势在股价不断回落过程中持续出现。既然股价在大阴线之后无量反弹，说明多方力量显然是不足的。这种趋势持续下来，就构成了个股不断出现的三阶段回落的走势。三阶段的回落走势是股价明确的见顶方式，在该阶段的任何调整走势中都是投资者比较好的减仓时机。

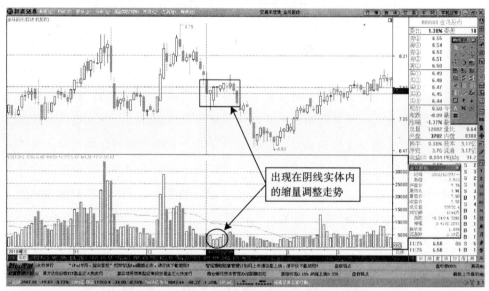

图 12-1 金马股份——双顶反转后的三阶段回落

　　如图 12-1 所示，金马股份的日 K 线中，股价在前期持续缩量回落后出现了短时的横盘调整走势。前期两次见顶的双顶是这次股价回落的起点。

　　虽然反弹调整的走势持续了长达八天之久，但因为成交量始终处于萎缩的状态中，该股终究没有出现任何像样的突破性行情。阴线实体内部的横盘调整过后，该股出现了持续的回落走势。在量能无法放大的前提下，投资者短线参与股价调整的出货时机，还是可以达到减仓的目标的。

　　如图 12-2 所示，新疆天业的日 K 线中，股价持续三连阴回落后出现了持续缩量调整的诸多小 K 线组合形态。该组合形态的出现促使股价完成了回落初期的加速下跌趋势。两根放量大阴线决定了该股缩量反弹的走势终究不能成功。三个阶段的回落形态完成之后，在短线持续回落过程中，投资者提前减仓还是可以避免损失扩大的。

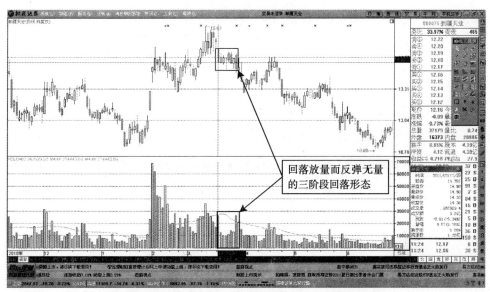

图 12-2　新疆天业——持续缩量中的三阶段回落

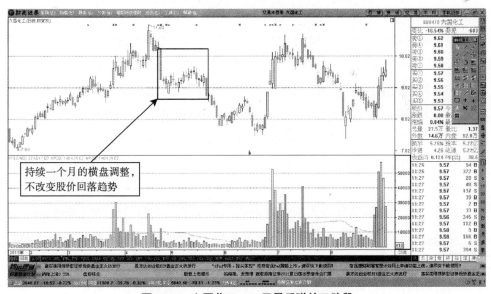

图 12-3　六国化工——无量反弹的三阶段

　　如图 12-3 所示，六国化工的日 K 线中，该股加速回落的开始是跌停状态的大阴线。图中显示，大阴线出现后，该股开始了长达一个月的横盘调整走势。持续时间虽然比较长，却没有出现任何像样的放量，股价横盘在大阴线实体的底部，也是意料当中的事情。而调整完毕后，该股出现了再次回落的第二根大阴线，开始了该股短线加速见底的走势。预期该股不会出现像样的反弹，三阶段的回落形态出现的过程正是短线减仓的机会。

小提示

六国化工的见顶回落的大阴线出现在该股见顶的初期，表明股价的回落趋势相当明确了。成交量在长达一个月的时间里都未顺利放大，已经预示了该股后期的二次下跌的回落走势。减仓在股价持续横盘调整的阶段，是投资者避免风险的关键。如果投资者不逆市操作，不抱着贪婪的心态持有股票，还是可以顺利避免损失扩大的。

第二节 短暂调整不改指标弱势

股价既然已经进入了持续回落的熊市行情当中，那么技术指标也不会落后。跟随股价同步进入调整趋势的技术指标并不会因为股价短时间的反弹而改变持续回落的趋势。如果从技术指标上判断减仓时机或者是判断股价企稳回升的时机，投资者一定需要有耐心才行。因为，股价延续三阶段的回落走势的时候，在短时间内是不大可能企稳回升的。特别是在股价无量配合的反弹过程中，更不会出现像样的拉升行情。投资者长期的操作方法应该是少量资金做短线，大量资金持续减仓。

股价见顶回落的趋势中，三个阶段的回落走势会在股价见顶过程中持续出现。并且，短时间内的股价反弹走势并不会改变股价的三阶段的调整趋势。技术指标同样不会因为股价的反弹而转变方向。投资者如果看指标的话，除了计算周期非常短的指标外，其他指标恐怕都能够提供投资者持续减仓的信号。

如图 12-4 所示，金马股份的日 K 线中，在股价见顶回落之前，12 日的 RSI 指标已经回落至 50 线以下。这说明，股价的持续调整走势因为 RSI 的持续回落而不断地延续下来了。大阴线破位后，该股虽然也曾持续反弹，却只是在阴线实体价格范围内波动，投资者的短线加仓机会是不多的。

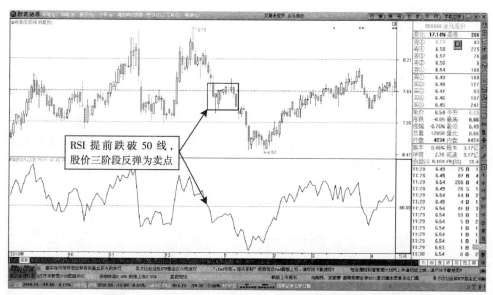

图 12-4 金马股份——RSI（12）看空的三阶段回落形态

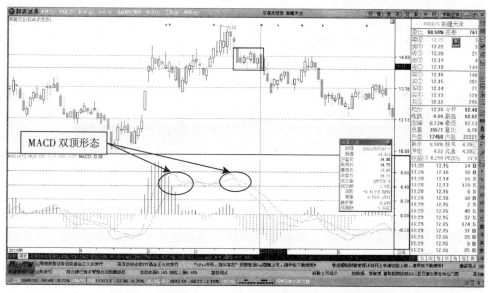

图 12-5 新疆天业——MACD 双顶之下的三阶段回落

如图 12-5 所示，新疆天业三个阶段的回落走势出现前，MACD 指标已经几乎完成了双顶反转形态。既然指标已经高位反转回落，参与该股的抄底已经是不合时宜了。投资者如果想要保住前期的收益，还是应该尽快地减仓。三个阶段的回落形态只是该股的反转的开始，股价距离结束熊市还有很长的时间。

💭 **小提示**

股价的三个阶段的回落走势不仅出现在股价见顶的初期，也出现在技术指标见顶之后。新疆天业的见顶回落的三个阶段走势正是出现在了 MACD 指标双峰见顶之后。既然前期股价或者技术指标已经见顶回落，那么投资者根本不用花费过多的时间在大阴线后的无量反弹中。短线无量反弹后，股价的二次回落的大阴线才是股价的真正趋势。

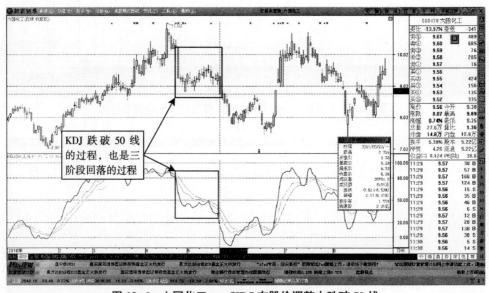

图 12-6　六国化工——KDJ 在股价调整中跌破 50 线

如图 12-6 所示，六国化工的日 K 线中，在股价短时间的大幅度下挫后完成了三个阶段的持续回落形态。虽然股价持续反弹长达一个月，却始终处于大阴线的实体以内。更确切地说，该股持续一个月的反弹勉强达到该大阴线实体的一半的位置。

从 KDJ 指标来看，与股价调整走势一同出现的时候，该指标持续回落至 50 线以下。指标与股价同时出现见顶回落的走势，表明投资者短线减仓还是非常值得肯定的。

小提示

股价在大阴线出现之后，在横盘无量调整的过程中，KDJ指标出现了持续跌破50线的走势，说明反弹阶段的股价是投资者减仓的机会。六国化工的反弹走势中，KDJ就出现了持续的回落。股价在持续横盘调整后二次回落，说明了该股的真正趋势还是向下的。把握住横盘调整阶段的出货机会，就赢得了前期获得的投资收益。

第三节　短暂放量是出货时机

在股价持续回落的三个阶段走势中，短暂反弹的诸多K线出现后，对应的成交量其实是不一定会放大的。即使真的出现了小幅放量的诸多反弹K线，也并不表明股价会在此时见底回升并且进入牛市行情。而从股价的短线反弹的幅度上来看，盘中冲高后仍然会在收盘之时回落至前期阴线开盘价之下的。这样看来，投资者可以在股价短时间放量反弹的那一刻持续卖出手中的股票。鉴于股价在小幅

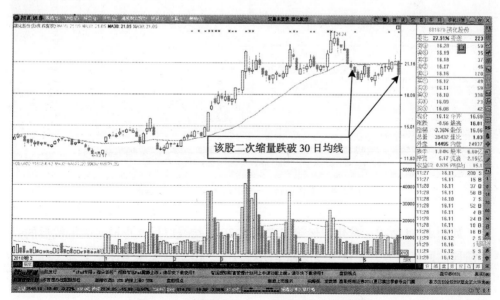

图12-7　滨化股份——30日均线处二次回落

反弹情况下，反弹幅度可能会比较高，达到前期阴线的开盘价附近，这个时候持续减仓的话，能够达到非常好的投资效果。

如图 12-7 所示，滨化股份短时间两次跌破了 30 日均线后，显然是不错的减仓时机了。从量能上来看，出现了成交量的持续萎缩。无量回落正是熊市行情的重要特征。考虑到该股已经持续了两个多月的缩量走势，这个时候还是不错的减仓时机。

小提示

可以说，没有股价的见顶回落的走势出现，就没有短线横盘调整的 K 线形态。滨化股份之所以后期会出现三个阶段的回落形态，就是因为该股在图中出现了两次跌破 30 日均线的大阴线。投资者如果能够成功把握阴线确定的大趋势，还是能够持续减少投资损失的。

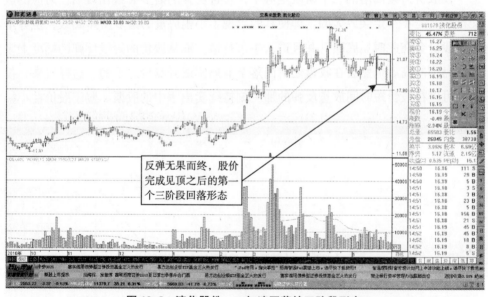

反弹无果而终，股价完成见顶之后的第一个三阶段回落形态

图 12-8　滨化股份——加速回落的三阶段形态

如图 12-8 所示，滨化股份第二次跌破 30 日均线以后，形成了大阴线后的三个阶段的回落走势。无量继续反弹至阴线以上，说明抛售压力还是非常大的。投资者参与做空该股的话，便能够获得相应的投资回报了。股价持续回落的走势因为量能的萎缩得到了抑制，大阴线后的短线反弹走势正是投资者的减仓机会。

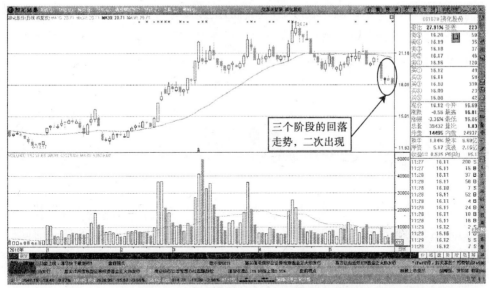

三个阶段的回落
走势，二次出现

图 12-9　滨化股份——无量调整还应减仓

如图 12-9 所示，滨化股份持续回落的三个阶段形态第二次出现在了图中所示的位置。并且，前期回落的大阴线成为之后三个阶段形态的起点。投资者如果顺利把握该股的卖点的话，还是不错的止损机会的。

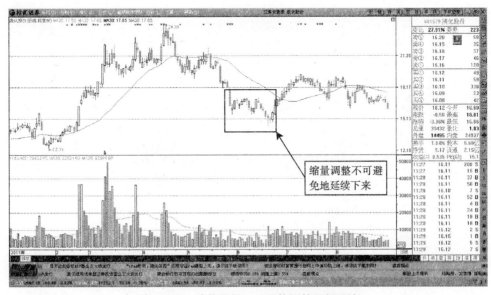

缩量调整不可避
免地延续下来

图 12-10　滨化股份——弱势调整不断延续

如图 12-10 所示，滨化股份见顶回落的走势短时间内并未停止。前期两次出现的三个阶段的回落形态加速了该股见底的进程。投资者短线参与该股的回落减仓机会的话，理应能减少很多投资损失。

本章小结

股价持续三个阶段的回落走势，其实是一种回落中穿插调整的运行趋势。只不过，这个时候股价调整的力度是非常小的。下跌趋势中，仅仅出现很短时间的调整，股价就持续回落了下来。投资者应该把握住这样的横盘调整的最佳卖点，才能够大幅度减轻今后有可能会出现的投资损失。

第十三种方法　N字形顶部反转
——股价二次回落减仓

股价见顶回落之后，会出现持续的震荡中回落的走势。在震荡过程中，股价在回落后持续反弹，而后再次回落的走势会交叉地出现。时间一长，股价就形成了类似N字形反转的走势。比较明显的N字形反转走势中，股价的见顶回落的起始端就出现在比较重要的均线处。投资者如果能够发现，并且在股价反转回落前采取措施，必然能够避免相应的损失出现了。本章将重点向投资者介绍在成交量和技术指标持续走弱的过程中选择N字形反转卖点的重要时机。

第一节　无量冲高的回落信号

股价既然已经出现见顶回落的走势，并且已经在前期脱离了牛市行情，短线无量冲高的股价必然是投资者减仓的重要机会。

仅从成交量上来判断，股价短线反弹的过程中，量能确实会出现放大的迹象。由于股价已经处于熊市行情当中了，散户追涨的积极性是非常低的，短时间放量之后还是会重新萎缩。股价持续短短几日的放量冲高后出现了缩量回落的走势，就是投资者减仓的机会了。

长期来看，股价既然已经出现了缩量见顶的走势，那么股价在回落途中任何没有可能持续的放量反弹都只是部分短线做多引起的走势。投资者短线追涨便容易遭受投资损失。

既然股价后市已经长期看空了，那么投资者短时间内显然是应该持续减仓的。而股价短线冲高至重要的压力线的时候，就是持续减仓的机会。N 字形反转延续的过程中，股价的波动幅度虽然会逐渐趋缓，但是没有见底之前，压制股价回落的均线都有可能成为投资者持续减仓的大好机会。

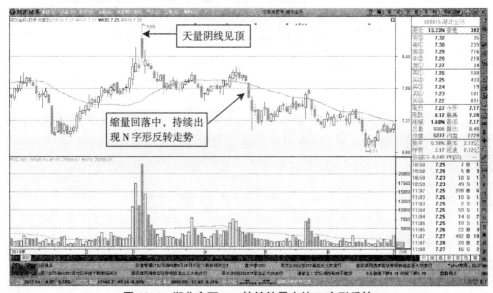

图 13-1　湖北金环——持续缩量中的 N 字形反转

如图 13-1 所示，湖北金环的日 K 线中，股价短时间内持续回落于 30 日均线之上。该股前期大阴线见顶后，在量能萎缩的情况下，股价不断地在 30 日均线附近出现回落走势。几乎是毫无能量的反弹走势中，股价不停地从均线处回落，形成 N 字形的反转走势。

如图 13-2 所示，通程控股的日 K 线中，股价在 30 日均线附近获得的压力更强一些。每一次的 N 字形反转都是起始于 30 日均线。投资者如果想要短线出货的话，可以在 30 日均线附近做些文章。毕竟该均线无形中已经成为股价屡次回落的起点，重视该均线的作用，也未尝不可。

如图 13-3 所示，吉林化纤的日 K 线中，自从该股缩量见顶以来，在等量线持续回落的过程中，成交量就根本没有出现过有效突破该等量线的走势。量能无法再次放大，该股像图中所示的 N 字形反转走势不知道出现了多少次。至少从成交量上来看，股价持续缩量回落的 N 字形反转走势会不断地延续下来。

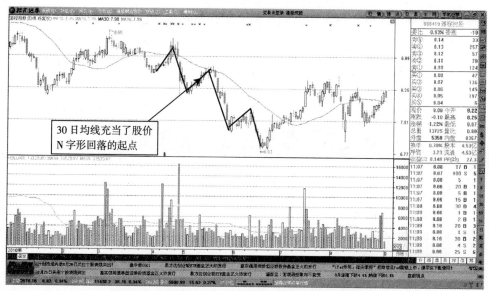

图 13-2　通程控股——偶然间放量的缩量 N 形反转

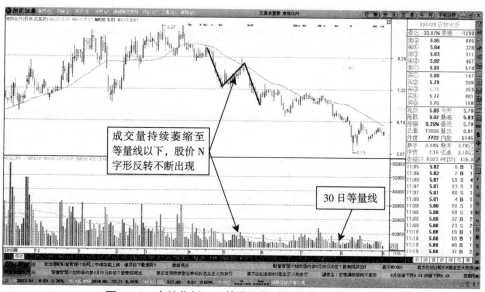

图 13-3　吉林化纤——等量线持续回落的 N 字形反转

小提示

　　个股最初阶段的反弹回落其实只是股价顺应趋势的正常反应。多次反弹并且在同一条均线附近快速见顶后，就是个股的 N 字形反转走势了。该反转走势虽然只是股价的短线回落，但是也不能少了个股的短线反弹的走势。有反弹才有回落，这是 N 字形反转出现的依据。投资者使用 N 字形反转出货，其实就是配合短线抄底操作应运而生的。像吉林化纤这样持续震荡中见顶的个股就是这样的。

第二节　指标回落的减仓信号

技术指标在股价 N 字形反转走势持续出现的过程中，也会同时出现见顶回落的走势。并且，只要股价始终没有企稳回升的迹象出现，个股的 N 字形震荡回落的走势就会持续出现。不管是从避险的角度来讲，还是从投资者短线抄底获利的角度来说，都应该密切注意指标的走势。

就拿 KDJ 指标来说，股价出现见顶回落的走势之后，该指标显然会顺势跌破 50 线的重要支撑。50 线被跌破之后，该指标会不断延续震荡回落的走势。如果对即将出现的卖点进行预测的话，投资者可以在指标达到前期的反弹的高位之前短线卖出手中的股票。N 字形反转的股价会不断完善"N 字形"的反转走势，而技术指标同样以这种趋势运行。预测技术指标的反转回落位置，这对于投资者

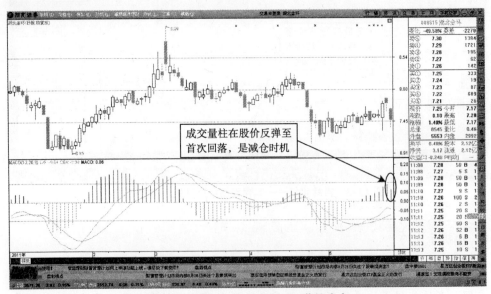

成交量柱在股价反弹至首次回落，是减仓时机

图 13-4　湖北金环——MACD 萎缩卖点

来讲显然不是什么大问题。

如图 13-4 所示，湖北金环短线反弹至高位之后，MACD 指标出现了回落迹象。图中红柱显示的首次回落显然是股价短线见顶的重要信号。N 字形反转走势必然在该指标回落后出现。想要避免短线的持股风险，投资者可以在这个时候开始减仓了。

图 13-5　湖北金环——MACD 萎缩的第二个卖点

如图 13-5 所示，MACD 指标回落的第二次减仓时机出现在图中所示的反弹中。虽然这个时候股价反弹的幅度并不是很大，主要是抄底的投资者减仓所致，但是，熊市行情还是在持续着，MACD 指标的回落表明短线投资者的减仓机会第二次出现了。

如图 13-6 所示，湖北金环的持续三次的 N 字形反转完成后，股价出现了见底回升的走势。前期几个回合的持续顶部反转构成了该股见顶回落的熊市行情走势。股价反转走势虽然缓慢，却明显地延续下来。趁股价反弹的机会抄底并且在 N 字形反转之后减仓，便可以获得可观的收益。

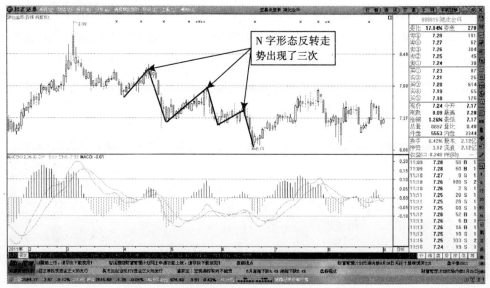

图 13-6   湖北金环——股价 N 字形走势完成

小提示

　　从湖北金环的总体运行趋势来看，在股价的见顶回落走势中，短线反弹的力度会逐步萎缩。多空双方力量终究会分出胜负。空方控制下的个股，短线持续回落的力度不断地加大。判断减仓时机的投资者应该注意其中的股价波动的变化趋势，并且在适当的时机参与个股的买卖操作，才能够抓住相应的买卖机会。

第三节　N 字形转折点的出货时机

　　比较明确的 N 字形反转走势中，股价见顶回落的时机是有很大的规律性的。重要的移动平均线（比如说 30 日均线）会成为股价持续见顶的起始点。投资者持续减仓的机会就在股价反弹至对应的均线之前。

　　在股价见顶回落的 N 字形反转走势不断延续的过程中，投资者应该意识到，与股价见顶于重要的均线处的还有成交量和技术指标。短线放量反弹后，股价反弹至重要的压力线处又一次出现缩量的迹象，预示着股价 N 字形回落的反转走势又一次地出现了。与成交量的萎缩和股价的日K线见顶信号比较，技术指标的变化通常会迟钝些，但也会在股价短线反弹至重要均线后出现见顶反转迹象。短线死叉的出现将进一步表明股价的出货时机确实已经出现了。

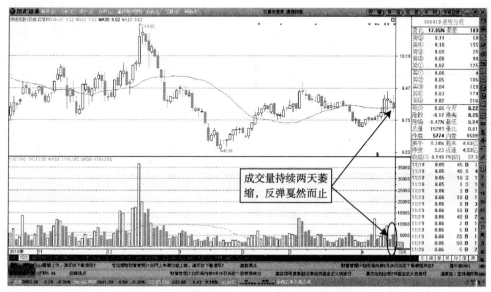

图 13-7　通程控股——30 日均线附近缩量卖点

如图 13-7 所示，通程控股的短线缩量回调是股价比较重要的卖点。前期该股已经顺利跌破了 30 日均线，二次反弹无果而终是减仓的重要时机。倘若该股今后形成震荡回落的 N 字形反转，这个时候减仓可以避免很多的损失。

小提示

　　股价跌破了均线之后，短线无量反弹并不会持续多久就会出现回落的走势。投资者对于股价弱势反弹的卖点应该十分敏感才行。因为股价会在看似不起眼的缩量回落中逐步展开下跌的攻势。通程控股持续两天缩量下跌的阴线就说明了这个问题。如果投资者持怀疑态度的话，可以看接下来的例子。

　　如图 13-8 所示，通程控股短时间内的小反弹走势并没有得到很好的延续。倒是 MACD 红柱线萎缩后，成为投资者短线的重要卖点。对弱势当中的反弹幅度不能要求过高，即便投资者这个时候减仓持有股票，也不会错失投资收益。

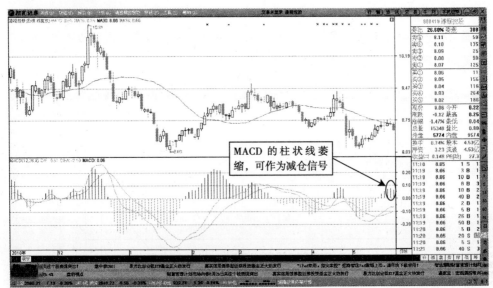

图 13-8　通程控股——MACD 萎缩卖点

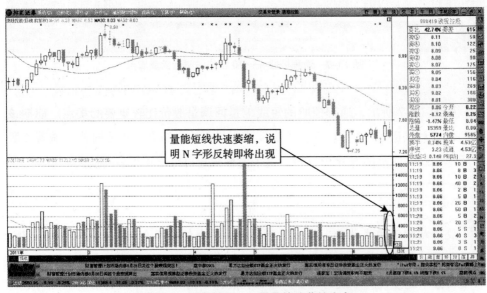

图 13-9　通程控股——量能快速萎缩卖点

　　如图 13-9 所示，在第三次反弹中，该股只是头一天放量拉升，第二天就出现了非常显著的缩量回落走势。显然，股价的短线缩量回落并不是该股的假突破走势。毕竟该股已经是第三次反弹了，抄底买入股票的投资者已经大大减少了。在股价反弹幅度有限的情况下再次出现 N 字形反转走势也不足为奇。持股的投资者应该缩量减仓。

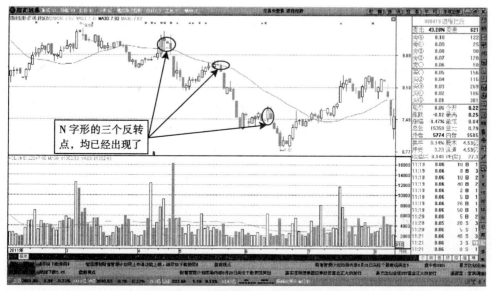

图 13-10　通程控股——股价最终走势

如图 13-10 所示，该股最终完成了三次 N 字形反转的走势。图中，股价每一次反转的起始点都要降低一些，说明股价短线反弹的拉升力量相当弱了。投资者参与短线买卖的话，应该注意到这一趋势的变化，在操作中不断减少预期的收益水平，加快减仓的时间。

本章小结

N 字形反转出现的时机还是比较广泛的，因为个股的见顶回落走势绝不可能是一帆风顺的。看多的投资者会在股价持续回落的过程中不断地抄底买入廉价的股票。空方力量强大，可以在股价每一次的反弹完成之后再次打压股价至更低的价位。在股价反弹之后见底过程中，抓住相应的 N 字形卖点的机会，自然能够保住短线的投资收益了。

参 考 文 献

［1］木羊. 专业和谐形态交易 ［M］. 北京：中国经济出版社，2012.

［2］何造中. 江恩价格与形态 ［M］. 北京：机械工业出版社，2007.

［3］杨明. 均线其实很简单：25 种均线形态孕育的买卖机会 ［M］. 北京：电子工业出版社，2012.

［4］杨明龙. K 线图的 93 个卖出形态 ［M］. 北京：中国劳动社会保障出版社，2011.

［5］齐晓明. K 线图的 102 个买入形态 ［M］. 北京：中国劳动社会保障出版社，2011.

［6］萌生. 盘面形态：股市资金动向 ［M］. 北京：中国科学技术出版社，2005.

［7］派斯温托,久弗拉斯. 形态交易精要：揭秘蜡烛线组合形态 ［M］. 张意忠译. 沈阳：万卷出版公司，2010.

［8］铁手. K 线操练大全 1：K 线形态操练 ［M］. 合肥：黄山书社，2009.

图书在版编目（CIP）数据

形态理论赢利实战/黄凤祁编著. —北京：经济管理出版社，2013.8
ISBN 978-7-5096-2523-1

Ⅰ.①形…　Ⅱ.①黄…　Ⅲ.①股票交易—基本知识　Ⅳ.①F830.91

中国版本图书馆 CIP 数据核字（2013）第 137162 号

组稿编辑：勇　生
责任编辑：孙　宇
责任印制：杨国强
责任校对：蒋　方

出版发行：经济管理出版社
　　　　　（北京市海淀区北蜂窝 8 号中雅大厦 A 座 11 层　100038）
网　　址：www. E-mp. com. cn
电　　话：(010) 51915602
印　　刷：北京银祥印刷厂
经　　销：新华书店
开　　本：720mm×1000mm/16
印　　张：18.5
字　　数：371 千字
版　　次：2013 年 9 月第 1 版　2013 年 9 月第 1 次印刷
书　　号：ISBN 978-7-5096-2523-1
定　　价：38.00 元